宗教対立を乗り越える「究極の答え」

慈悲の時代

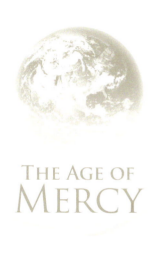

THE AGE OF
MERCY

Ryuho Okawa
大川隆法

The Age of Mercy
慈悲の時代
――宗教対立を乗り越える「究極の答え」――

Preface

You will find something "Great" in this book.

Yes, indeed, this is a book of Enlightenment, Love, and Mercy.

In this book, there are four speeches of mine.

However, to tell the truth, I received the revelations from Buddha and Jesus Christ.

But, truly, truly, I dare say, the Truth of this book is more than that.

You can see a slight figure of Spiritual El Cantare.

はじめに

　この本の中に、あなたは何か〝偉大なもの〟を見い出すだろう。
　そう、実際、これは悟りや愛、そして慈悲についての書だからだ。
　本書には、私の四つの説法が収められている。
　しかしながら、本当のことを言うならば、仏陀やイエス・キリストの啓示を受けての教えでもある。
　だが、本当に、本当に、あえて言うなら、本書の「真実」とはそれ以上のものでもある。
　あなたは、スピリチュアルな「エル・カンターレ」の姿をも垣間見ることも可能だろう。

It is a true name of your God of this age and next age. It reveals who is real Allah. I am the "One". And I am the "All".

I'll bless you all.

Sep. 17, 2019

Master & CEO of Happy Science Group

Ryuho Okawa

それがこの時代の、そして、それ以降の時代の、神の真実の名である。それは、（イスラム教に言う）「アラー」の本名でもある。吾れは「一なるもの」であり、「全て」でもある。

　あなた方の未来を吾れは祝福する者である。

2019年9月17日

幸福の科学グループ創始者兼総裁

大川隆法

Contents
(目次)

Preface · 2

Chapter 1 Into the World Beyond Description

1 This World is Not Real · 20

    You are looking at illusions · 20

    Your real self is light itself · 22

    This world is a tool to train your soul · 24

2 The Fact is Fact, the Truth is Truth · 26

    The believers of a false religion called science · 26

    Only chosen people can show the reality · 30

    The True Buddha is only born by one man, with one religion, in one age · 32

    A bad behavior of the mass media · 36

    We are just insisting on our Truth · 38

3 What You Will Experience at the Time of Death · 42

    Meeting your deceased relatives · 42

    Seeing another of you from above · 44

はじめに 3

第1章　言葉を超えた世界へ

1　この世は真実の世界ではない　21
あなたが見ているものは「幻」である　21
あなたの真なる姿は「光そのもの」　23
この世は魂修行のための道具　25

2　「事実は事実、真実は真実」　27
「科学」という偽物の宗教を信じる人々　27
選ばれし人のみが真実を示せる　31
真実の仏陀は、一つの宗教、一つの時代に一人しか生まれない　33
マスメディアの悪しき習性　37
私たちは「真理」を主張するのみ　39

3　あなたが死ぬときに体験すること　43
先に亡くなっている身内と会う　43
上からもう一人の自分を見下ろす　45

After 24 hours, the silver cord will be separated and you can go anywhere	48
The color of your clothes shows the tendency of your mind	52
You can go to other stars or galaxies	60
4 To be a Real Human, You Need Belief	66

Chapter 2 What is "Truth"?

1 We Have Souls in Our Bodies	70
2 The Salvation Needed in the Ancient Age	76
3 There are Two Streams of Buddhism	80
4 Buddha is One of the Branches of El Cantare	90
5 Buddha's Enlightenment, the Western Way of Political System and Freedom	102
6 God and Buddha Gave Everyone a Chance to be a Leader	110

24時間後に霊子線が切れると、
  どこにでも行けるようになる　　　　　　　49

  着ている服の「色」に、心の傾向性が表れる　　53

  他の星や銀河に行くことも可能　　　　　　　61

4 真の人間であるためには信仰が必要　　　　　　67

第2章 「真理」とは何か

1 肉体には魂が宿っている　　　　　　　　　　71

2 古代に必要とされた救いについて　　　　　　77

3 仏教には二つの流れがある　　　　　　　　　81

4 仏陀はエル・カンターレの分身の一人　　　　91

5 「仏陀の悟り」と「西洋型政治システム」
　「自由」との関係　　　　　　　　　　　　　103

6 神仏はすべての人にリーダーとなる
　チャンスを与えている　　　　　　　　　　111

Chapter 3 For Peace and Love of the World

1 El Cantare and the Essence of Worldwide Religions 118

A special lecture just before Christmas 118

The hidden name of the Real Father 120

Integrating the discrepancies between religions 126

The real meaning of peace and love
that humankind has forgotten 130

2 The Age of Miracle 134

Pollution in the minds of people in the current age 134

The essence of love 138

Now is the time for forgiveness 144

Aim for progress and become closer to God 148

3 "For Peace and Love of the Earth" ── the Wish of God 152

第3章　世界の平和と愛のために

1　エル・カンターレと世界宗教の本質　　119

　　クリスマス直前の特別な説法　　119

　　人類史上隠されてきた「真なる父」の名　　121

　　諸宗教の違いを統合するために　　127

　　人類が忘れてしまった「平和と愛」の意味　　131

2　奇跡の時代　　135

　　現代世界に広がる「心の汚染」　　135

　　愛の本質　　139

　　今こそ「許し」の時　　145

　　「発展」を目指し神近きものとなれ　　149

3　神が願う「地球の平和と愛」のために　　153

Peace and love are brother and sister, or sister and brother	152
I need people of light in countries all over the world	158
You are now invited by God	162

Chapter 4 The Age of Mercy

1 All Religions Come from One Origin — 168

A condition for Malaysia to become an advanced country	168
God's love is proved by revelations from Heaven	172

2 Religion is not a Tool to Rule People — 180

All people have the right to know the real knowledge of God	180
Religions should stand by people	182

平和と愛は兄弟姉妹　　　　　　　　　153

　　世界各国に「世の光」が必要である　　　159

　　あなたは今、神に招かれている　　　　　163

第4章　慈悲の時代

1　すべての宗教は
　　一つの「根源なるもの」から来ている　169

　　マレーシアが先進国になるための条件　　169

　　神の愛は天上界からの啓示によって
　　証明される　　　　　　　　　　　　　173

2　宗教は人々を支配する道具ではない　181

　　すべての人に「神について正しく知る権利」がある　181

　　宗教は、人々の側に立つべきもの　　　183

3 El Cantare is the Last Hope of the
   Human Race   188

   The Supreme Being exists beyond all gods   188

   The God who appears in the Quran is El Cantare   192

4 We are Living in The Age of Mercy   198

* The lectures were conducted in English. The Japanese text is a translation.

3 エル・カンターレは「人類の最後の希望」　189

　　すべての神々を超えた至高神が存在する　　189

　　『コーラン』に出てくる神は、
　　エル・カンターレのこと　　193

4 私たちは「慈悲の時代」を生きている　　199

※本書は、英語による法話に和訳を付けたものです。

第 1 章

Into the World
Beyond Description
（言葉を超えた世界へ）

January 30, 2009 at Happy Science General Headquarters, Tokyo
（2009年1月30日　東京都・幸福の科学 総合本部にて）

Chapter 1 Into the World Beyond Description

1 This World is Not Real

You are looking at illusions

"There is nothing in this world." If you hear these words, they might sound very strange. But, it is true. There is nothing in this world. Indeed, nothing. You are just looking at illusions. These are illusions. You are illusions. You, yourself, are an illusion. You misunderstand yourself. You have been misunderstanding. This is an illusion. This world is not stable. This world is a false world. This is not a real world.

Do you understand what I'm talking about? This is religion. This is faith. This is the

第1章　言葉を超えた世界へ

1 この世は真実の世界ではない

あなたが見ているものは「幻(まぼろし)」である

　「この世には何も存在しない」。そう聞くと、あなたがたは非常に奇妙に感じるかもしれません。しかし、これは真実です。この世には何も存在しません。本当に何もないのです。あなたがたは「幻(まぼろし)」を見ているにすぎません。これらは幻です。あなたがたは幻です。あなた自身も幻です。あなたがたは、自分のことを誤解しています。誤解し続けてきたのです。それは「幻」なのです。この世は固定的なものではありません。この世は「仮(かり)の世」であり、真実の世界ではないのです。

　私の説いていることが理解できるでしょうか。これが宗教です。これが信仰です。これが真なる

Chapter 1 Into the World Beyond Description

meaning of real faith, real religion. Denying. It's the truth. To deny everything in this world. It's very important. You are apt to become attached to this world and everything in this world, but this is the origin of evil caused by your misunderstanding.

Your real self is light itself

Long long ago, you were angels. You were lights of Heaven. Very very old old days. I can't clearly say how many years have passed since then. But you have been, and really are now, angels.

But, you have misunderstood the truth about yourself and you have forgotten all of the

第 1 章　言葉を超えた世界へ

信仰の意味であり、真なる宗教の意味です。否定すること、それが真実です。この世のすべてを否定することが非常に重要なのです。あなたがたは、この世とこの世のすべてのものに執着する傾向がありますが、それこそが、誤った理解に基づくところの、悪の発生原因です。

あなたの真なる姿は「光そのもの」

　はるかなる昔、あなたがたは天使でした。天上界の光でした。遠い遠い昔のことです。それからどれほどの年月が経ったか、定かなことは言えませんが、あなたがたは、これまでも天使であり、今も本来、天使であるのです。

　にもかかわらず、あなたがたは自らの真なる姿を誤解し、すべての真実を忘れ去っています。あ

truths. You, the real yourself, are light itself. But no one can imagine this truth because you are looking at illusions every day. You believe in what you see through your eyes, but this is the beginning of your misunderstanding.

This world is a tool to train your soul

This world is not a true world. It is false. If I can admit it a little, it's only a tool to train your soul. That is the meaning of this world. Almost all the beings in this world are false and illusions. Badness and illness arise from this illusion, this misunderstanding.

なたは、本当のあなた自身は、「光そのもの」であるのですが、日々、幻を見ているがゆえに、この真実を思い描くことができないでいます。あなたがたは自分の目に見えるものを信じてはいますが、これが誤解の始まりなのです。

この世は魂修行のための道具

　この世は真実の世界ではありません。仮のものです。多少は認めることができるとしても、それは、あなたがたの魂を鍛(きた)えるための〝道具〟にすぎません。それがこの世の意味であり、この世の存在は、そのほとんどが仮のものであり、幻です。この幻や誤解から悪や病(やまい)が生じているのです。

2 The Fact is Fact, the Truth is Truth

The believers of a false religion called science

You, yourself, are thinking that you are a body or a materialistic being. And nowadays, people who are very clever think that it is very cool to think in scientific terms. Everyone accepts this false belief easily. This false belief means that everything in this world can be explained in terms of a scientific situation. Why do such a lot of people believe in this false philosophy? I'm very sad about that. Science only has 200 or 300 years of history. Why are people apt to

2「事実は事実、真実は真実」

「科学」という偽物(にせもの)の宗教を信じる人々

　あなたがたは、「自分とは肉体、あるいは物質的な存在である」と考えています。また現代では、頭のいい人たちは、「科学的に考えるのが非常に洗練されたことである」と考えています。誰もが、この偽物(にせもの)の信仰を簡単に受け入れてしまうのです。この偽物の信仰とは、「この世のすべては科学的に説明することができる」というものです。なぜこれほど多くの人々が、この偽物の思想を信じてしまうのか。とても残念に思います。科学は二、三百年ぐらいの歴史しかないにもかかわらず、

believe such kind of false religion?

We have been teaching real religion for more than a thousand years up to this century. In reality, beyond a thousand years, we have been teaching real religion. But you were defeated by false scientific religion in these 200 or 300 years. It's very sad.

Science leads to illusion, and people are attached to material things in this world. They think that this world is the only world and there is no other world. No exception. They think that only the things that they can touch are real beings, but this is an illusion.

Gautama Siddhartha already taught about this. He taught that it's misleading. It *was*

第1章　言葉を超えた世界へ

人々はなぜそのような偽物の宗教を信じやすいのでしょうか。

　私たちは、千年以上もの間、今世紀に至るまで、真実の宗教を教えてきました。実際に千年以上、真実の宗教を教えてきたのですが、あなたがたはここ二、三百年で、「科学」という偽物の宗教に敗れてしまっています。実に悲しいことです。

　科学から錯覚が生まれ、人々は、この世の物質に執着し、「この世がすべてであり、あの世などない」と考えています。例外はありません。「手で触れることのできるものだけが実在である」と考えていますが、それは錯覚にすぎません。

　ゴータマ・シッダールタは、すでにそのことを説いています。「それは誤解である」と。それは誤

misleading and it *is* misleading. People are liable to think and believe in their physical feelings, or some kind of reality they felt through physical things. And Gautama Siddhartha denied that.

Only chosen people can show the reality

Jesus Christ also always insisted, about 2000 years ago, on the existence of the higher spiritual being in the air, and insisted that He is the real father of human beings. But he couldn't show his real father to all the people in the Middle East at that time. It's very difficult.

People in this world cannot see the real world. So, only the chosen people can

解であり、今なお人を惑(まど)わせています。人は、「自分の肉体感覚」や「肉体的なものを通じて感じた現実感のようなもの」を信じがちですが、ゴータマ・シッダールタはそれを否定したのです。

選ばれし人のみが真実を示せる

イエス・キリストも、二千年前、「天に霊格の高い存在があり、その方が人類の真なる父である」と常々、主張していました。しかし当時、彼は、中東の人々に真なる父の姿を見せることはできませんでした。それは非常に難しいことです。

この世の人々の目には、実在界は見えません。選ばれし人のみが、人々にこの真実を示し、教え

show and teach these realities. But under a democratic way of thinking, a small number of people cannot persuade all of the remaining people. It's a very weak point of this period. Majority of people always think of themselves as right and the minority of people are usually disregarded and think they are wrong.

But truth is truth, fact is fact. We must conquer the tendency of this era, this tendency of this worldly democratic way of thinking.

The True Buddha is only born by one man, with one religion, in one age

In religion, the Truth is always spoken by one person. It's not democratic. Only one person

ることができるわけです。しかし、民主主義的な考え方の下(もと)では、少数の人たちが残りの人たち全員を説得することはできません。ここが今の時代の非常に弱い点です。多数派の人たちは常に、「自分たちが正しい」と思い、少数派の人たちは、たいていの場合は軽視され、「自分たちは間違っている」と思うわけです。

　しかし、「真実は真実、事実は事実」です。私たちは、この時代の風潮、この世の民主主義的な考え方の傾向性に勝たなければいけません。

真実の仏陀は、一つの宗教、一つの時代に一人しか生まれない

　宗教では、真理は常に「一人」によって説かれます。それは民主主義的ではありません。天上界、

can receive revelation from Heaven, I mean from God or higher spirits. Only one person, in one religion, in one age. That is the True Buddha.

A True Buddha can only be born by one man, with one religion, in one age. There is only one who can teach the Truth for all people. There are now a lot of people in the world. We cannot count how many people are living in this world on Earth. But the Truth must be received only by one person.

This is not democratic. But when the people who believe in him become a majority, at that time, the remaining people would be influenced by them. And at that time, real faith just begins. So, it's very difficult to choose

第1章　言葉を超えた世界へ

すなわち神や高級諸霊から啓示を受けることができるのは一人だけです。一つの宗教、一つの時代において、一人だけです。それが真実の仏陀です。

　真実の仏陀は、一つの宗教、一つの時代に、一人しか生まれません。すべての人に真理を説くことができるのは、ただ一人しかいません。今、世界には数多くの人々がいます。この世の地上には数えきれないほど多くの人々がいますが、真理は、ただ一人によって受け取られなければならないのです。

　それは民主主義的ではありません。しかし、その人を信じる人々が多数派になると、残りの人々が彼らに影響されるようになり、そのとき、真実の信仰が始まるのです。ですから、適切な言葉を選ぶのがなかなか難しくはありますが、私たちは、

correct words, but we are living in a miserable world in a miserable period, for a real religious person.

A bad behavior of the mass media

People of the common sense usually appear as enemies. They cannot believe. In this age democracy is supported by many mass media. However, the mass media have one characteristic of bad behavior. It's that they have one policy or philosophy. This philosophy is, "Don't believe anything." It's a philosophy of theirs. They cannot believe and they want to reveal bad things or evils, and at that time, they believe that they can find reality or the truth.

第1章　言葉を超えた世界へ

真実の宗教家にとっては不幸な世界、不幸な時代に生きております。

マスメディアの悪しき習性

　常識的な人々は、たいていの場合、敵として現れてきます。彼らは「信じることができない」のです。現代では、多くのマスメディアによって民主主義が支持されています。しかし、マスメディアには、一つの特徴的な悪しき習性があります。彼らには一つの方針あるいは〝哲学〟があるのです。その哲学とは、「何も信じるなかれ」というものです。これが彼らの哲学なのです。彼らは信じることができず、悪事や悪を暴こうとします。「そのとき、現実あるいは真実が明らかになる」と考えて

This is their habit.

But we, religious people, cannot show scientific proof to them. So usually, they cannot believe in religion. This is a difficult question.

We are just insisting on our Truth

But I'll say it again: The fact is fact, the truth is truth. We cannot be defeated by any powers or by any other false thoughts of the world. I don't know how many people believe in such kind of newspaper's truth or TV's truth. But we are just insisting on our Truth, the Truth which we believe in. It's very difficult.

So, I'll say it again: This world is a false

いるわけです。それが彼らの癖です。

　しかし、私たち宗教家は、彼らに科学的証拠を示すことはできません。そのため、彼らは通常、宗教を信じることができないのです。これは難しい問題です。

私たちは「真理」を主張するのみ

　しかし、もう一度言います。「事実は事実、真実は真実」です。私たちは、世俗のいかなる権力や、いかなる誤てる考えにも負けるわけにはいきません。そうした新聞やテレビが言うところの〝真実〟を信じている人の数は私も知りませんが、私たちは、「私たちの真理」、「私たちが信じる真理」を主張するのみです。これはきわめて難しいことです。

　もう一度言います。この世は仮の世界です。こ

world. This is an illusion. You are not yourself. You are not what you think you are. If you don't know the reality, the real teachings, or the basic teaching of the Buddha's Truth, to the least, you cannot know yourself.

れは幻です。あなたは、「あなた」ではありません。あなたは、あなたが自分だと思っているところのものではないのです。真実を知らなければ、真実の教えを、仏法真理の基本的な教えを知らなければ、少なくとも自分自身を知ることさえできないのです。

Chapter 1 Into the World Beyond Description

3 What You Will Experience at the Time of Death

Meeting your deceased relatives

Who in this world can believe that something which you cannot see is your reality? It's very difficult. For them, a soul is like air. A soul and air are equal to them, so they cannot believe.

People who believe in the existence of the mind often think that the mind is just a function of the brain. It's very sad. Doctors in this age who are very brilliant and clever think like that. I'm very sad.

I insist that people who are dead can now

3 あなたが死ぬときに体験すること

先に亡くなっている身内と会う

「目に見えないものが本当の自分である」ということを信じられる人が世の中にいるでしょうか。それはきわめて難しいことです。彼らにとって、魂とは空気のようなものです。魂と空気は同じようなものなので、信じることができないのです。

心の存在を信じる人でも、多くの場合、「心とは脳の作用にすぎない」と考えています。たいへん悲しいことです。今の時代、非常に優秀で賢い医者たちはそのように考えていますが、とても悲しく思います。

私は、「亡くなった人は、今も考えることがで

think, have emotions and can choose their own actions. This is very unfamiliar to doctors, but it's real.

When you are dying, you can see something you have never seen. That is your relatives who have already passed away. For example your grandfather, grandmother, or your father, mother, brother, sister, or friends who have already passed away. At the time of death you'll meet them.

Seeing another of you from above

After that, you leave your body and you can look down upon your own body on the bed

第1章　言葉を超えた世界へ

き、感情を持つこともできれば、自らの行動を選択することもできる」ということを主張しています。医者にとっては聞いたことがない話でしょうが、それが現実です。

　人は亡くなりかけているとき、今まで見たことのないものを見ることがあります。それは、すでに亡くなっている身内の方です。たとえば、祖父母や、父、母、兄弟、姉妹、あるいは、先に亡くなった友人等です。亡くなるときには、こうした人たちと会うことになります。

上からもう一人の自分を見下ろす

　その後、あなたは肉体から離れ、病室の天井から、ベッドに横になっている自分の体を見下ろすこと

in the hospital from the ceiling. At that time, you feel upset. "I'm here. Why is another one of me lying on the bed?" You'll be astonished. No one can explain about that. You have no knowledge about that. You have no education about that.

On the contrary, you are being taught by the mass media that, "The other world is false. Religious people are talking about evil things. They are misleading. They sometimes make up teachings to earn money." And you believe in that.

ができるでしょう。そして、うろたえるでしょう。「私はここにいる。なぜ、もう一人の自分がベッドで寝ているのか」と驚愕(きょうがく)するでしょう。誰も説明できません。こうしたことに関して知識もなければ、教育も受けていないからです。

　むしろ、マスメディアによって、「あの世など、まやかしである。宗教者たちは良からぬことを言って、人々を惑わせている。金儲けのために教えをでっちあげることさえある」というように教えられ、それを信じているわけです。

Chapter 1 Into the World Beyond Description

After 24 hours, the silver cord will be separated and you can go anywhere

But, when you leave your body, you will be upset and astonished by the fact that there are two of you. One is lying on the bed and another is in the air. At that time, you have a silver cord˙and the two bodies—one is the physical body and the other is of course the soul—are binded by the silver cord.

And about 24 hours later, the silver cord will be separated from you and at that time, you can go anywhere; You can go through the wall; You can go and fly through the air; You

---

●A silver cord is a spiritual cord that connects the human body and the soul. Death is when this silver cord separates from the body and the soul.

第1章　言葉を超えた世界へ

24時間後に霊子線が切れると、どこにでも行けるようになる

　しかし、肉体を去ると、自分が二人いるので動揺し、驚きます。一人はベッドで横になっていて、もう一人は空中に浮いている。このときは、まだ霊子線（シルバー・コード）で二つの体はつながっています。一つは「肉体」であり、もう一つは、もちろん「魂」です。

　そして、24時間ぐらい経つと霊子線は切れ、どこにでも行けるようになります。壁をすり抜けたり、空中を飛んだり、町の上空を飛び回って上から景色を眺めたりすることができるでしょう。非

●霊子線　魂と肉体を結ぶ霊的な糸。霊子線が切れるときが人間の本当の死。

can fly over your city and look down upon all the scenes of the city. It's a very strange feeling, an incredible feeling. "What is this? What is this fact?"

At that time, you are apt to think, "I might be dreaming. It's a dream. It's a bad dream. Sometime I can get up and find that I was having a bad dream." But it will never come because a dream is truth and truth is a dream. Can you accept this paradox? A dream is truth, truth is a dream. This is a reality. This is the real teaching.

You would need time to accept this fact, but to accept this fact is the beginning of your enlightenment. At that time, you would gradually begin to know that, "Oh, I'm not the

常に不思議な、信じられない感覚です。「これは何だ。この事実は何なのか」と。

　そして、「自分は夢を見ているのではないか」と思ったりします。「これは夢だ。悪夢だ。いつか目が覚めて、『これは悪夢だった』と気づくだろう」と。しかし、その時は決してやってきません。なぜなら、「夢が真実であり、真実こそが夢である」からです。この逆説を受け入れることができるでしょうか。夢が真実であり、真実こそ夢なのです。これが現実です。本当の教えです。

　この事実を受け入れるには時間が必要でしょうが、この事実を受け入れることが、「悟り」の始まりです。そこから少しずつ、わかっていくことでしょう。「ああ、自分は肉体ではないのだ。肉体は

physical body. The physical body is not myself. It was my tool. Oh, I am the soul. What is this?"

The color of your clothes shows the tendency of your mind

At the time, when you look at yourself, you look like a human being. You are like a human being for the first 40 or 50 days. In Japan, China or Tibet, it is said to be 49 days. But for about two or three months, you will think that your style is almost the same.

You are a soul but you are wearing something. It's incredible. At first, you will be wearing what you wore when you were alive,

自分自身ではなく、〝道具〟であったのだ。ああ、私は魂なのだ。これ（魂）は何なのか」と。

着ている服の「色」に、心の傾向性が表れる

　そのとき、自分の姿を見ると、「人間そのもの」に見えます。最初の四十日から五十日間は、人間のような姿をしています。日本や中国、チベットでは、四十九日と言われていますが、二、三カ月ぐらいは、「自分は（生前と）ほとんど同じ姿である」と思うことでしょう。

　そして、魂なのに何かを着ています。驚くべきことです。最初のうちは、生前、学校や会社に行くときに着ていた服と同じものを着ています。し

attending school or going to your company. But after two or three months, your shape will change a little and you will be wearing another clothes; sometimes a blue wear, a white wear or a yellow wear, or something like that.

The color shows the tendency of your mind. For example, when you are in white clothes, it means purity or you are living with love for the people.

When you look at yourself and your clothes is blue, it means that your tendency is concentrated on knowledge. It means, you think that to be smart is a great thing. It means you are attached to knowledge or you think that educational background is very important in this age. In this case, you are such kind of person.

かし、二、三カ月経つと、姿が少し変わってきて、別の服を着ているようになります。青い服を着ていたり、白い服や黄色い服を着ていたりします。

　服の色は、あなたの心の傾向性を表しています。たとえば、白い服を着ているとしたら、その人の純粋さであるとか、「人々への愛に生きている」ことを意味しています。

　自分の体を見て、青い服を着ていたら、「あなたは知を重視する傾向がある」ということを意味しています。「頭がいいことが偉いことだ」と考えているということです。知識にこだわっていたり、「現代では学歴が非常に重要だ」と考えていたりする。その場合は、そういう人であるわけです。

Chapter 1 Into the World Beyond Description

When you look at yourself and your clothes is yellow, it means that you are some kind of a religious person. Yellow represents gold. It means that you used to believe in God or Buddha in your old days in this world. Such kind of people will look at themselves and see that they are wearing yellow clothes.

And there are, of course, red clothes. Such people usually have the tendency to fight with other people or they are living in the overly competitive world. Sometimes they are soldiers, sometimes they got promotion in this world, in their company or in the profitable society. Or sometimes they were winners in their competition and got a lot of money. This is the meaning that their clothes are red.

第 1 章　言葉を超えた世界へ

　自分の体を見て、黄色い服を着ていた場合は、「宗教的なタイプの人であること」を意味しています。黄色は黄金色を表しています。かつてこの世にいたとき、神や仏を信じていた人であるということです。そういった人たちは、自分の姿を見ると、黄色い服を着ていることに気づきます。

　もちろん、赤い服もあります。赤い服を着ている人は、たいていの場合、「他人と争う傾向」があるか、あるいは、「過度の競争社会の中で生きている人」です。軍人の場合もあれば、この世の会社や利益社会で出世をした人であったり、競争の勝者となってお金を儲けた人である場合もあります。それが、赤い服を着ていることの意味です。

And sometimes people who look at their clothes, they would be wearing silver-like color. It means they are scientists or doctors, or something like that. They have a habit of thinking analytically, so at that time, they will be wearing silver clothes.

And there are people who are wearing black wear. It means, of course, as you guessed, they are usually thinking of bad things. And their minds and their hearts are not clear and transparent, so black represents their hearts. And these people wearing black clothes are usually accompanied by small evil beings, and they are going to Hell. It's the usual case.

Another people are wearing green clothes. It means they have the tendency to love nature

そして、自分の服を見ると、銀色に近い色のこともあります。これは、「科学者や医者等であること」を意味します。物事を分析的に考える習慣があるので、その場合は銀色の服を着ています。

　さらには、黒い服を着ている人もいます。これは、もちろん、みなさん予想がつくように、「悪いことばかり考えている人」です。心が澄んでおらず透明でない人たちです。黒は、彼らの心を表しています。こうした黒い服を着ている人たちには、たいていの場合、小さな悪霊がついていて、地獄に行くことになります。それが通常のケースです。

　そのほかに、緑色の服を着ている人もいます。彼らは、「自然を愛する傾向がある」ということで

and some of them are farmers. Others are people who love landscape, beautiful places, rivers, mountains, flowers, butterflies, or something like that. People who love nature wear green clothes.

These are examples. There are a lot of different situations. But I just want to say that when you leave your body, you are wearing your usual clothes, but after two or three months, you are wearing one simple colored wear. It represents your mind tendency and it predicts your future. It's very strange.

You can go to other stars or galaxies

And in every case, you, yourself, have a

す。彼らの中には、農家の人もいれば、自然の風景や美しい場所、川や山、花や蝶などを愛している人もいます。自然を愛する人は、緑色の服を着ているのです。

　いくつかの例を挙げましたが、実際にはいろいろ状況が数多くあります。要するに、「あなたは肉体を去ると、いつも着ていた服を着ているけれども、二、三カ月後にはシンプルな一色の服を着ている。それは、あなたの心の傾向性を表しており、あなたの未来を予言している」ということです。非常に不思議なことです。

他の星や銀河に行くことも可能

　いずれの場合も、あなたには「霊体」というも

Chapter 1 Into the World Beyond Description

spiritual body and the spiritual body can go through material beings, such as a wall, a building or a car, like that. You can go through every being in this world. And except some medium or spiritual person, when you speak to people in this world, they cannot hear anything. You can speak to them, but you cannot be heard by them.

You can go through everything in this world. You can even fly and dig deep into this Earth and go out from the other side of the Earth. It's possible. You need only five or ten minutes. It's a very strange and curious feeling.

After you've experienced a lot of spiritual activity in this world, you can leave this Earth and go to another planet or star. For example,

第1章　言葉を超えた世界へ

のがあり、この霊体は、壁や建物、車などの物質を通り抜けることができます。この世のどんなものでも通り抜けることができるのです。また、この世の人に話しかけても、霊能者や霊的な人でないかぎり、彼らには何も聞こえません。あなたから話すことはできますが、誰かに聞いてもらうことはできないのです。

　この世のどんなものでも通り抜けることができます。飛ぶこともできるし、地中に深く入っていき、地球の反対側から外に出ることも可能です。それには五分か十分ぐらいしかかかりません。これは非常に不思議な、奇妙な感覚です。

　この地上世界で、さまざまな霊的な体験をしたあとで、地球を離れて、他の惑星や星に行くこともできます。たとえば、月まで飛んでいき、月の

Chapter 1 Into the World Beyond Description

you can fly to the moon, go around the moon and come back to Earth. Or you can go to Venus or other planets.

Sometimes you can go far away, from this galaxy to another galaxy. But to your astonishment, when you want to go to another galaxy from this galaxy, it only takes a few minutes. Only a few minutes.

There, you can see other human being-like creatures living and having a life. You will be astonished again that there are other kind of human beings. I'll talk about these universal beings again at another time. But this strange world is the real world.

第 1 章　言葉を超えた世界へ

周りを一周して地球に戻ってきたり、金星や他の惑星に行ったりすることができます。

ときには、この銀河から遠く離れた他の銀河に行くこともできますが、驚くべきことに、他の銀河に行きたいと思えば数分しかかかりません。ほんの数分です。

そこでは、人間に似た別の生き物が住んでいて生活しているのを見ることができます。違った種類の人類がいるのを見て、改めて驚きを覚えます。そうした宇宙の生き物については、また別の機会に話をしたいと思いますが、こうした不思議な世界が、真実の世界であるのです。

Chapter 1 Into the World Beyond Description

4 To be a Real Human, You Need Belief

At the beginning of this story, I said to you that you live in a false world and you are looking at an illusion, just an illusion. It's the meaning of my story. OK?

So, if you want to know the real world and who you are, you need to have belief in real religion. Only belief can teach you these meaning and reality. So, through this title "Into the World Beyond Description," I want to teach you that you need belief. Everyone and everybody need belief. To be a real human, you need belief. This is the meaning of today's lecture.

4 真の人間であるためには信仰が必要

　この話の冒頭で、「あなたがたは仮の世界に生きており、『幻』を見ているにすぎない」と述べました。今お話ししてきたことの意味も、そういうことです。よろしいでしょうか。

　ですから、「真実の世界」について、そして「自分とは何か」について知りたければ、真実の宗教への信仰を持つことが必要です。信仰のみが、それらの意味と真実を教えることができるのです。「言葉を超えた世界へ」という演題で説きたかったことは、「あなたがたには信仰が必要である」ということです。信仰は、すべての人に必要なものです。真の人間であるためには信仰が必要であるのです。それが今日の説法の意味です。

第 2 章

What is "Truth"?
(「真理」とは何か)

December 30, 2018 at Happy Science Special Lecture Hall, Tokyo
(2018 年 12 月 30 日　東京都・幸福の科学 特別説法堂にて)

Chapter 2 What is "Truth"?

1 We Have Souls in Our Bodies

Today, I want to teach you a simple truth, especially regarding Buddhism.

This is a special lecture. It means, I wanted to go to Thailand in January, but there occurred several troubles on my way to Thailand. Mainly, it's a spiritual one. In reality, it's from the politics, the military administration, and the laws of Thailand. They are protecting themselves against the teachings of the real Buddha. So, I will send you the voice of Buddha. This is a Truth.

I do not know if you are educated in any way, are controlled under some sort of laws of modern society, or are under the authority

1 肉体には魂が宿っている

　今日はあなたがたに、特に仏教についての簡単な真理を説いてみたいと思います。

　これは特別な説法です。と言いますのは、私は1月にタイへ行きたかったのですが、タイへの行く手を阻むトラブルがいくつか起きてきました。それは主として霊的なものではありますが、実際は、タイの政治や軍事政権や法律から来ているものです。彼らは、真なる仏陀の教えから、自分たちを守ろうとしているのです。そこで、「仏陀の声」をお伝えすることにいたします。これが「真理」なのです。

　あなたがたが何らかのかたちで教育を受けたか、あるいは現代社会のある種の法律によって支配されているのか、あるいは王の権威の下にあるのか

Chapter 2 What is "Truth"?

of your king, but Buddha's authority is above them. So, I just really want to teach you a simple Truth, a simple Buddha's Truth. This is a Truth that I will teach you in very simple words, in a very simple way, and in a very simple meaning.

As you know, you human beings have souls in you. This is the reality. Some people do not believe in the existence of souls, for example, formally, the Chinese people or maybe the North Korean people. In reality, they each believe in the existence of souls, but formally or in a political meaning, they are prohibited from believing in the reality of the soul.

However, as you know, we have souls in

は、私の知るところではありません。ただ、仏陀の権威は、それらを超えたものです。ゆえに私は、ただただ、あなたがたに単純な真理を伝えたいと思うのみです。単純な仏法真理です。これが、非常に簡単な言葉で、非常に簡単な方法で、そして非常に簡単な意味で、私があなたがたに説く真理です。

　ご存じのように、あなたがた人間の中には「魂」が宿っています。それが真実です。魂の存在を信じていない人たちもいます。たとえば、公式には中国の方たちがそうであり、北朝鮮の方たちもそうかもしれません。実際は、彼らの一人ひとりは魂の存在を信じているのですが、表向きは、あるいは政治的な意味においては、魂の実在性を信じることを禁じられています。

　しかし、ご存じのように、肉体には魂が宿って

our bodies. It's a simple but important Truth. The existence of souls is realized by Buddhism, of course, Christianity, of course in the Islamic teachings, in the old Jewish teachings, by the old oriental religions, the Egyptian religions, and the old European religions. They all recognized the existence of the soul. This is the original stream of world religions. There is no religion which does not believe in the existence of the soul.

います。これは、単純ではありますが、重要な真理です。魂の存在については、もちろん仏教でも気づいていましたし、キリスト教や、当然イスラム教、古代ユダヤ教、東洋の古代のさまざまな宗教、エジプトの宗教、古代ヨーロッパの宗教でも気づいていました。それらはすべて魂の存在を認識していました。これが世界の宗教の源流であり、魂の存在を信じていない宗教はありません。

2 The Salvation Needed in the Ancient Age

But in the 19th century in Germany, Karl Marx and his friend Engels were born, and they made communism. Communism is much influenced by the Old Testament, the origin of Christianity.

In the ancient age, people were very poor. The king and the people of high position around the king had a lot of money, but almost all the people were poor and suppressed by that power. So, in that age, God sent a message to the people of that age, "To be poor is not bad. To be poor is to be near God because God loves people who do not have enough

2　古代に必要とされた救いについて

　しかし、19世紀のドイツにカール・マルクスと彼の友人のエンゲルスが生まれ、彼らが共産主義をつくり出しました。共産主義は『旧約聖書』の影響を強く受けています。『旧約聖書』はキリスト教のもとになっているものです。

　古代においては、人々はたいへん貧しく、国王や、国王の周辺の身分の高い人たちは豊かでしたが、ほとんどの人は貧しく、そうした権力によって抑圧されていました。ですから、その時代に神が当時の人々に伝えたメッセージは、「貧しさは悪ではない。貧しさは神に近いものである。神は、十分なものを持たず、神の助けを求めるしかない人々を、愛しているからである」というものでした。

and who are just seeking for the help of God."

Or in India or Nepal, poor people were seeking for the salvation of Buddha. Buddha and God are equal or not, you cannot say clearly, but Buddha, in the real meaning or the usual meaning, comes from the historical Buddha, I mean Gautama Siddhartha who was born more than 2,500 years ago in Nepal and made activities in India. He was a human in his activities with a great soul in him.

あるいはインドやネパールでは、貧しい人々は「仏の救い」を求めていました。「仏」と「神」は同じものなのかどうか、あなたがたは明確には言えないと思いますが、「仏」とは実際には、あるいは通常の意味では、歴史上の仏陀、すなわち二千五百年以上前にネパールに生まれ、インドで活動したゴータマ・シッダールタから来ています。彼は、偉大な魂を宿して活動を繰り広げた一人の人間でした。

Chapter 2 What is "Truth"?

3 There are Two Streams of Buddhism

But this kind of recognition about Buddha changed in the stream of ages. As you know, there are two streams of Buddhism. One is Theravada Buddhism. It is believed in Sri Lanka, Thailand, Myanmar, Laos, around there. A different Buddhism came from India through Central Asia, China, and Korea, and reached Japan in the sixth century. This Northern Buddhism is called the Great Vehicle Buddhism movement and sometimes Theravada Buddhism is looked down upon by them as the Small Vehicle Buddhism.

The reason is that Theravada Buddhism

3 仏教には二つの流れがある

　しかし、「仏」に関するこうした認識は、時代の流れの中で変化していきました。ご存じのように、仏教には二つの流れがあります。一つは「上座部(じょうざぶ)仏教」です。これはスリランカ、タイ、ミャンマー、ラオスなどの地域で信仰されているものです。これとは異なる仏教が、インドから中央アジア、中国、朝鮮を経て、6世紀に日本にたどり着きました。この北伝仏教は「大乗仏教」運動と呼ばれ、上座部仏教は彼らから「小乗仏教」として低く見られることもあります。

　その理由は、「上座部仏教は自分のことしか考え

Chapter 2 What is "Truth"?

just thinks about oneself; it is just the seeking of the attainment of the individual. Of course, it is one part of the original Buddhism, but in reality, it is the former part of Buddha's activities, especially influenced by the first six years of spiritual training of Gautama Buddha.

In that age, Buddha was seeking for the Truth and was thinking about his attainment only, just focusing on his enlightenment. He was just thinking about how to get the enlightenment of himself. He had been seeking for six years. He left Kapilavastu Castle at the age of 29, struggled for about six years, and at the age of 35, he attained enlightenment.

At that time he thought, "I got the enlightenment. This enlightenment is a very

第2章 「真理」とは何か

ていない」というものです。個人の達成のみを求めているからです。もちろん、それ自体は原始仏教の一部ではありますが、実際にはそれは、仏陀の活動における前半の部分であり、特に、ゴータマ・ブッダの最初の六年間の修行時代の影響を受けています。

その時期には、仏陀は真理を探究し、自分の達成のことだけを考え、自らの悟りのみに集中していました。ひたすら、自分自身の悟りを得ることを考えていたのです。彼は六年間探究を続けていました。二十九歳でカピラヴァストゥの城を出て、約六年間の奮闘努力を重ね、三十五歳のときに悟りを開いたのです。

そのとき、彼はこう考えました。「私は悟りを得た。この悟りは、インドの人々に真理として説く

difficult Truth to spread to the people of India." He thought, "It's over. My life is already complete and I can leave this world. My enlightenment is too difficult for people." So, he thought that he can complete his life and depart this world for another world, the heavenly world, or the Buddha realm.

But at the time, several Indian gods, or in the Western meaning great angels, came to him and asked him three times, "Please Buddha, please teach your Truth to the people of India and the world. People cannot understand your enlightenment, but if they can focus on their training, is there any possibility for them to get some kind of enlightenment or some part of enlightenment?" They asked him so.

には非常に難しいものである」。そして、「これで終わりにしよう。自分の人生はもう完成したので、この世を去ってもいいだろう。私の悟りは、人々にはあまりに難しすぎる」と考えたのです。ですから、自分の人生を終わらせてこの世を離れ、あの世へ、天上界、仏界へと至ってもいいと思ったわけです。

　しかし、そのとき、インドの神々が、あるいは西洋的に言えば大天使たちが、仏陀のもとを訪れ、三度、請い願ったのです。「仏陀よ、どうかあなたの真理を、インドと全世界の人々に向けてお説きください。彼らには、あなたの悟りを理解することはできませんが、彼らが専心、修行に打ち込むことができたなら、何らかの悟りを、あるいは悟りの一部なりとも、手に入れることが可能なのではないでしょうか」。そう神々は尋ねたのです。

Buddha agreed. "Yes, all people have the possibility of attaining enlightenment, so I will try. But I know it is also difficult to get enlightenment. They all have possibilities, of course. I can indicate the full moon in heaven or the night sky, but if they will each look at the full moon or not depends on them. I will indicate the Truth, but they, themselves, must see the moon through their own eyes. Only the people who make efforts to look at the moon in the sky can see the moon, what I have seen." He said so. This is just what Theravada Buddhism indicated.

And the Great Vehicle Buddhism. Buddha originally said that, "Everyone must make the effort to look at the moon." But the

第2章 「真理」とは何か

　そこで仏陀は同意しました。「そのとおりである。悟りに至る可能性は、すべての人にある。では、やってみよう。しかし、悟りを得ることが難しいのもわかっている。もちろん可能性は、すべての人にある。私は天に、夜空にかかる満月を指し示すことはできるが、その満月を見るかどうかは各人の問題である。私は真理を指し示すが、人々は己(おのれ)の目で、自ら月を見なければならない。空にかかる月を見ようと努力する者だけが、その月を、私が見たものを目にすることができる」。仏陀はそう言っていました。これが上座部仏教の示していることにほかなりません。

　そして、大乗仏教です。仏陀はもともと、「各人が月を見る努力をしなければならない」と説いていました。しかし、後世、インドや中国、朝鮮、

Chapter 2 What is "Truth"?

Buddhism which was taught in the later ages in India, China, Korea, and Japan was influenced by Jesus Christ's Christianity. It meant that their faith had lacked the meaning or the hope for salvation, so year by year they could not imagine the ancient Buddha's reality and Buddha's statue was built; the historical Buddha became from a human being to a God-like being in the spiritual meaning. They sought for Buddha's salvation, the same as the salvation of the Western society's Savior or God. The Western world's God saves the people, so the Great Vehicle movement of Buddhism also has the meaning of salvation.

日本に伝わった仏教は、イエス・キリストのキリスト教の影響を受けていました。それは（上座部）仏教の信仰に、救いの意味や救いへの希望という点で、足りないものがあったためです。人々は時代が経つにつれ、古(いにしえ)の仏陀のありのままの姿をイメージできなくなり、仏像がつくられるようになりました。歴史上の仏陀は「人間」から、霊的な意味における「神の如き存在」になっていきました。彼らは、西洋社会における救世主や神の救いにあたるものとして、「仏の救い」を求めたのです。西洋世界における神は人々を救済しますので、仏教の大乗運動も「救済」という意味を持っているわけです。

4 Buddha is One of the Branches of El Cantare

I dare say, in reality, what is the real Buddha's thinking? Historical Buddha means the Buddha who lived about 80 years in this world. In his days, he thought that originally, he was a bodhisattva who was seeking for enlightenment and after the great enlightenment, he became Buddha. He said, "My disciples, you also can become buddhas if you follow my path rightly." So, Theravada Buddhism, people who believe in this kind of Buddhism are sometimes misunderstood by Western people and of course other Buddhists that they are just seeking for the living-Buddha-like lifestyle and

4 仏陀はエル・カンターレの
　　分身の一人

　あえて言いますが、実際のところ、真実の仏陀の考えとは何でしょうか。歴史上の仏陀とは、この世で約八十年間生きた仏陀のことです。仏陀の在世中の考えは、「自分はもともと、悟りを求める菩薩(ぼさつ)であり、大悟(たいご)を経て仏陀となった」というものでした。ですから、「弟子たちよ、わが道に正しく従えば、あなたがたも仏になれる」と言っていました。そのため、こうした上座部仏教を信じている人たちは、西洋の人たちや他の仏教徒から、「仏陀の在世中のような生き方をすることや、悟りを得ることしか求めていない」と誤解されることがあります。

Chapter 2 What is "Truth"?

the attainment of enlightenment.

But now, I dare say this is the voice of Buddha. These 2,500 years, Buddha has been in heaven. It's the highest heaven of this world. I indicated that it is the ninth-dimensional world in my book, *The Laws of the Sun*. In that area, there are other saviors, of course. For example, Jesus Christ, Moses, or others.

But now, I started and made activities of Happy Science. Happy Science is declaring that our real Buddha and real God is El Cantare. This is the first concept for the people of the world. They do not know El Cantare in the historical meaning.

I will teach you in a simple way. El Cantare is a core consciousness of Buddha. In

しかし、今、あえて言いましょう。これは仏陀の声です。この二千五百年の間、仏陀は天上界にいました。天上界の最高段階です。私は著書の『太陽の法』で、その世界とは九次元世界であると説いています。その境涯には当然、イエス・キリストやモーセなど、他の救世主たちもいます。

　しかし、現在、私は幸福の科学を創立し、活動をしています。幸福の科学は、「私たちの真実の仏、真なる神は、エル・カンターレである」と宣言しています。これは世界中の人々にとって初めて知る概念です。歴史上、エル・カンターレの存在は知られておりませんでした。
　簡単なかたちでお教えすれば、エル・カンターレとは仏陀の中核意識です。この中核意識の中に

this core consciousness, there is the Eternal Buddha, of course, and another part of the core consciousness of El Cantare is for example Alpha, as you have seen in *The Laws of the Universe -Part I.* Alpha was the beginning. He was the first God of this Earth. This was more than 300 million years ago. Next was Elohim, 150 million years ago. He was born in the Middle East and became the origin of a lot of religions around the Middle East and Africa. There are these Alpha and Elohim, and now, I am called Ryuho Okawa, also one of the core consciousnesses.

Can you understand what I said? Please think about a Mandala-like spiritual picture. In the center circle, there was a core consciousness

は当然、「永遠の仏陀」も含まれており、エル・カンターレの中核意識の他の部分が、たとえば、あなたがたが映画「宇宙の法」でご覧になったところの「アルファ」です。アルファとは「始まり」であり、この地球における始原の神です。今から三億年以上も前のことです。その次が「エローヒム」で、一億五千万年前です。エローヒムは中東に生まれ、中東やアフリカ一帯の多くの宗教の起源となりました。このアルファやエローヒムがあり、そして現在、私は「大川隆法」という名で呼ばれています。同じく中核意識の一つです。

　おわかりいただけますでしょうか。曼荼羅のようなスピリチュアルな絵を思い浮かべてみてください。その中心に描かれた円の中に中核意識があ

Chapter 2 What is "Truth"?

which was called Alpha, Elohim, or in another name, Allah, large-print God or Buddha, the Eternal Buddha.

You, Theravada Buddhists believe that the Buddha who left this world shall never return. In some meaning, it is true. They are core consciousnesses of El Cantare, so they almost never come down to this earth. I came down to this earth only two times, and now this is the third time. Almost 100 million years had passed between each rebirth.•

Around the core consciousness of the Eternal Buddha, or El Cantare, there are small-scale buddhas. They were called Saviors

---

•The core consciousness of El Cantare had been reborn less than once every 100 million years, but His branch spirits have been reborn more frequently than that.

り、それがアルファやエローヒムと呼ばれ、あるいは別名「アッラー」「大文字の神（God）」「永遠の仏陀」とも呼ばれてきたのです。

あなたがた上座部仏教徒は、「この世を去った仏陀は二度と帰ってこない」と信じています。それは、ある意味では真実です。それらはエル・カンターレの中核意識なので、二度と地上に下生（げしょう）することはないと言ってもいいくらいです。私がかつて地上に生まれたのは二回だけであり、現在が三回目です。それぞれの再誕は一億年も間があいています。

そして、中核意識である永遠の仏陀、エル・カンターレの周りに、小さなスケールの仏陀たちが存在しています。彼らは西洋社会で「救世主」と

●エル・カンターレ中核意識の再誕は一億年以上の間があいているが、分身はくり返し地上に生まれている。

Chapter 2 What is "Truth"?

in Western society. So, this kind of buddha comes down to this earth, then almost 3,000 years pass, and after that he comes down to this earth again. But this is not the same person. This is the energy of the Eternal Buddha. The Eternal Buddha has small parts of energy around its core consciousness. So, some parts of them came down to this earth and saved people. This is the Truth.

So, I will not say that all of Theravada Buddhism is wrong. In some meaning, they are right. But in another meaning, they are not right. The historical Buddha who lived 2,500 years ago is still in heaven, but I, Ryuho Okawa is the same energy, same saving power, and one part of the power has come down to

第2章 「真理」とは何か

呼ばれてきた存在です。こちらの種類の仏陀は、地上に降りて三千年ほど経つと再び地上に生まれてきますが、同一人物ではなく、同じ永遠の仏陀のエネルギー体です。永遠の仏陀の中核意識の周りに小さなエネルギー体があり、そのエネルギー体の一部が地上に降りて人々を救ってきたというのが真実です。

　ですから、上座部仏教のすべてが間違っているとは言いません。ある意味では正しく、ある意味では正しくありません。二千五百年前に生きていた歴史上の仏陀は、今も天上界におりますが、私、大川隆法は「同一のエネルギー」であり、「同じ救済の力」であり、その力の一部がこの地上に降りてきているのです。その力の一部が肉体に宿って

this earth. When one part of the power lives through the real body, its power can get a new character and a new name and become the new Savior or the new Buddha. This is the Truth.

So, the historical Buddha is, as you say, still in Nirvana, the ninth-dimensional world. I am one of the core consciousnesses of El Cantare. The historical Buddha is also one of the branches of the core consciousness of the Eternal Buddha, El Cantare. This is what Happy Science is insisting. Please believe in the real thinking.

生きたときに、新たな人格を獲得して新たな名前を持つことができ、「新たな救世主」、「新たな仏陀」となるというのが真実です。

　歴史上の仏陀はあなたがたが言っているように、今も涅槃(ねはん)に、九次元世界におります。私はエル・カンターレの中核意識の一つです。歴史上の仏陀もまた、永遠の仏陀であるエル・カンターレの中核意識の分身の一つなのです。これが幸福の科学が教えていることです。どうかこの真実の思想を信じてください。

Chapter 2 What is "Truth"?

5 Buddha's Enlightenment, the Western Way of Political System and Freedom

In the historical Buddhism, if you say "love," it is usually thought like the attachment-like love. You, human beings, usually think attachment as love.

But real love is not such kind of attachment. Real love is just to give. To give others your warm heart is the real love. This is not attachment. This is quite contrary to attachment. This is the same as Buddha's way to enlightenment.

Buddha's enlightenment meant how to forget about and detach yourself from the bondage to this flesh, the three-dimensional

5 「仏陀の悟り」と「西洋型政治システム」「自由」との関係

　伝統仏教では「愛」と言えば、「執着に近い愛」のように考えるのが普通です。あなたがた人間は通常、執着を愛だと思っているのです。

　しかし、真実の愛は、そうした執着ではありません。真実の愛とは、ただ与えることです。他の人々に温かい心を差し出すことが、真実の愛なのです。これは執着ではありません。執着とは逆のものであり、仏陀が悟りに至った道と同じものなのです。

　仏陀の悟りとは、「いかにして、この肉体、すなわち三次元の肉体のことを忘れ、その束縛から逃れるか」ということです。三次元の肉体に基づい

body. The three-dimensional body makes self-protection activities and such kind of self-protection activities lead to the no-soul or non-spiritual thinking. It just attaches to materialism.

So, we just think that Western love, the real meaning of Jesus Christ-like love is just like the Middle Way and the attainment of enlightenment. Buddha's enlightenment meant how to abandon your selfish love. Abandoning selfish love is real love, and this real love means God's love like Jesus Christ said. Buddha's enlightenment is almost the same.

In this context, we must know that real faith is to love God. To love God is to love Buddha. To love Buddha is to act like Buddha.

て自己保存の活動が生まれ、そうした自己保存の活動が、無霊魂説や霊的ではない考え方につながり、唯物論への執着となるのです。

　ですから、私たちの考えでは、西洋的な愛、イエス・キリスト的な愛の真なる意味は、「中道」や「悟りに至る」ということと、よく似たものなのです。「仏陀の悟り」とは、自己中心的な愛をいかに捨て去るかということです。自己中心的な愛を捨てることが真なる愛であり、この真なる愛が、イエス・キリストが説いたような神の愛なのです。仏陀の悟りも、それとほとんど同じことです。

　この意味において、「本物の信仰とは神を愛することである」ということを知らねばなりません。神を愛するとは、仏を愛するということです。「仏

Chapter 2 What is "Truth"?

To act like Buddha is "abandoning the self-realization only". It means to think that "real self-realization is to make other people happier and to make utopia in this world."

People are judged by their activities only. The caste system usually says, "If you did good things in the old days and are reborn on this earth, at that time, you get into the rich class, I mean the rich people, wealthy people, or powerful people. People who did bad things a lot become lower-side people, it means the poor people or people who do not have enough influence or rights."

This is the radical problem of the Western

を愛する」とは、仏のような行いをするということです。「仏のような行い」とは、自らの自己実現だけの生き方を捨てるということです。すなわち、「真なる自己実現とは、他の人々を幸福にし、この世界にユートピアをつくることである」と考えることです。

　人は、行いによってのみ判断されます。カースト制度がよく言うのは、「過去に善き行いをした者は、この世に生まれ変わったとき、豊かな階級、すなわちお金持ちで裕福な人間や権力のある人間になる。悪しき行いを数多く重ねた者は、下層の人間、すなわち貧しかったり、十分な影響力や権利を持たない人間になる」ということです。

　ここが、西洋型の政治システムの根本的なとこ

way of political system. Of course, Japan has adapted the same system. People can resort to the original right to vote to choose their politicians. It means people can make the decision who can be the leader or leaders of them, and if their leaders are bad or did evil things, they can change their leaders by vote. This is the fundamental of the Western way of political thinking.

This is based on freedom; freedom of speech, freedom of political activities, and freedom of religion. In some meaning, these mean the responsibilities of the individual people. Individual people have the responsibility to conduct these rights. So, it is not a revolutionary one. It is the original power.

ろです。もちろん、日本も同じシステムを採り入れています。「人々は自らの基本的権利に訴え、投票によって政治家を選ぶことができる。すなわち、自分たちのリーダーを誰にするかを決めることができ、リーダーが悪人であったり悪しき行いをしたりした場合は、投票によってリーダーを替えることができる」。これが、西洋型の政治思想の根本です。

　その基(もと)にあるのは「自由」です。言論の自由、政治活動の自由、信教の自由です。それらは、ある意味で「個人の責任」を意味しています。個人個人に、それらの権利を行使する責任があるのです。ゆえに、それは革命のようなものではなく、本来的な力なのです。

6 God and Buddha Gave Everyone a Chance to be a Leader

People's souls came from the Original God or Primordial Buddha. Primordial Buddha's light became the core consciousness of Buddha and the historical Buddha. The historical Buddha said that, "The people who choose the deed Buddha did can walk the road to Buddha, the way to Buddha." It means, in political thinking, you can become leaders. You have rights for that.

But you must be judged by your deeds. If you have virtue and did enough good things to other people, you have the right to be chosen by other people, and if you did bad things

6 神仏はすべての人にリーダーとなるチャンスを与えている

　人間の魂は、根源の神、根本仏から岐(わか)れてきたものです。根本仏の光が仏陀の中核意識となり、歴史上の仏陀となったのです。歴史上の仏陀は、「仏陀がなしたのと同じ行いを選ぶ者は、仏陀への道を歩むことができる」と説きました。それは政治的な意味で言えば、あなたがたはリーダーになることができるということです。あなたがたには、その権利があるのです。

　しかし、人は、その行いによって判定されねばなりません。徳高く、他人(ひと)に対し、善き行いを十分に施(ほどこ)した人であるなら、人々から選ばれる権利がありますが、悪しき行いをして徳を失えば、普

and lost your virtue, you must come down to ordinary people. It means that your deeds in this age will decide your next life, I mean your future life when you will be reborn 200 years or 300 years later on this earth.

So, please think like that. Everyone has a chance to be a small buddha and everyone has a chance to be a leader. This is freedom; this is the meaning of Buddha's light in you.

I just taught you that all people have chances, but all people must be judged by their thinking and deeds. You will change your future and challenge against it to transform yourself into another position, another possibility. All people are equal in this meaning. This is not communism. This is just

通の人へと転落せねばなりません。すなわち、あなたが今の時代になした行いが、あなたの来世を決めるのです。来世とは、二百年か三百年後にこの地上に生まれ変わるときのことです。

　どうか、そのように考えてください。すべての人に、小さな仏陀になるチャンスがあり、リーダーになるチャンスがあります。それが「自由」であり、あなたがたの「内なる仏の光」の意味であるのです。
　私はあなたがたに、「すべての人にチャンスがある」と説いてはいますが、人はすべて、その思いと行いによって判定されねばなりません。あなたがたは未来を変え、未来に挑戦し、新たな立場、新たな可能性に向けて自分を変化させていくことでしょう。その意味において、すべての人は平等です。これは共産主義ではなく、「機会の平等」に

the equality of chances. God and Buddha gave people the equality of making challenges. That is the real meaning.

I taught you regarding religious matter and political matter, "What is 'Truth'?" in simple words. Please believe in me. I have taught you for more than 2,500 years. I have taught you for more than 300 million years. Please believe in me. After that, you can judge by yourself what is good or bad, what is right or evil, and what is justice.

第2章 「真理」とは何か

ほかなりません。神仏は、人間に「チャレンジの平等」を与えているというのが、その本当の意味なのです。

　あなたがたに、宗教的問題ならびに政治的問題に関して、「『真理』とは何か」を、簡単な言葉で説きました。どうか私を信じてください。私は二千五百年以上の間、あなたがたに教えを説いてきました。三億年以上にわたり、説き続けてきました。どうか私を信じてください。それによって、あなたがたは自分自身で、物事の善悪、物事の正邪、正義とは何かを判断することができるようになるでしょう。

第 3 章

For Peace and Love of the World
（世界の平和と愛のために）

December 23, 2009 at Happy Science Shibuya Shoja, Tokyo
（2009 年 12 月 23 日　東京都・幸福の科学 渋谷精舎にて）

Chapter 3 For Peace and Love of the World

1 El Cantare and the Essence of Worldwide Religions

A special lecture just before Christmas

Today is a special lecture because today is December 23rd. It's a bit earlier than Christmas, but it's the very time we must refer to the essence of Christianity. All over the world, there are a lot of Christian people, and they are waiting for some revelation from Jesus Christ. But only here in Shibuya Shoja, and of course other shojas where you can watch my lecture, you can hear the real will, intention, aim, and purpose of Jesus Christ. So, today is very important.

第3章　世界の平和と愛のために

1　エル・カンターレと世界宗教の本質

クリスマス直前の特別な説法

　今日は特別な説法です。12月23日ですので、クリスマスには少し早いですが、キリスト教の本質に関して言及するにはふさわしい日です。世界中に数多くのキリスト教徒の方がおり、彼らはイエス・キリストから何らかの啓示が降りるのを待ち望んでいます。しかし、イエス・キリストの本当の考え、意図、目的を聴くことができるのは、ここ渋谷精舎と、私の説法（の録画）を見ることができる他のいくつかの精舎だけですので、今日は非常に貴重な機会です。

Chapter 3 For Peace and Love of the World

Today's theme is, "For Peace and Love of the World." This is a great title, so even Mr. President Obama (at the time of the lecture) cannot make a speech about "For Peace and Love of the World." It's very difficult. Only a savior can give a lecture on this theme. So, I'll try about this content.

The hidden name of the Real Father

First of all, you all must think about the birth of a savior. One or two months ago, you have already seen *The Rebirth of Buddha*, a very famous spiritual film in Japan. Even in Uganda in Africa, more than one million people have seen this film. I think *The Rebirth*

第３章　世界の平和と愛のために

　今日の演題は「世界の平和と愛のために」ですが、これはたいへんな演題です。オバマ大統領（説法当時）でも「世界の平和と愛のために」というテーマで演説するのは無理でしょう。きわめて難しいことであり、このテーマで説くことができるのは救世主以外にいませんので、その内容に関してお話ししてみたいと思います。

人類史上隠されてきた「真なる父」の名

　まず初めに、「救世主の誕生」ということについて考えていただかなければなりません。すでに一、二カ月前、みなさんは映画「仏陀再誕」をご覧になったと思います。日本でたいへん有名なスピリチュアルな映画であり、アフリカのウガンダでも百万人以上の方がこの映画を観ました。「仏陀再誕」

of Buddha is likely to be known all over the world from now on, but this is just the first step, the starting point. My intention is above that. "The Rebirth of Buddha" is for the easy understanding of all Japanese people and foreign people, but my real intention is above that.

Some of you have already read in my book, *The Laws of the Sun*, that I'm El Cantare, but the name "El Cantare" has been hidden in the history of the human race, so this is the first time you correctly have known the name of your Lord and the name of the real Father, the living Father.

"The Father" taught about by Jesus Christ 2,000 years ago is El Cantare. But the name "El

第3章　世界の平和と愛のために

は今後、全世界に知られるようになるでしょうが、これは最初の一歩であり、出発点にしかすぎません。私の意図はそれを超えています。「仏陀再誕」とは、日本や海外の方たち全員に理解しやすいためのものであり、私の本当の意図は、それを超えたところにあるのです。

　私の著書である『太陽の法』の中で、私がエル・カンターレであることを読まれた方もいらっしゃると思いますが、エル・カンターレという名は人類の歴史上、ずっと隠されてきました。あなたがたは今回初めて、あなたがたの主の名前を、真なる「父」、「現成の父」の名前を正しく知ったわけです。
　イエス・キリストが二千年前に語った「父」とは、エル・カンターレです。しかし、エル・カンター

Chapter 3 For Peace and Love of the World

Cantare" has been hidden for these 2,000 years or more than 2,000 years. Some people knew His name as "the Supreme Being," just "El," "Almighty Light," or something like that.

But I dare say unto you, this is almost the first time for me to show my figure in front of you, have a human life, a humankind-like personality and the voice of a human, and stand like a Japanese in front of you. But this is not my real figure.

I am the law itself.
I am the rule itself.
I am the light itself.
I am the alpha, I am the omega;

第3章　世界の平和と愛のために

レの名はこの二千年間、あるいは二千年以上の間、隠され続けてきました。人によっては、「至高の存在」であるとか、単に「エル（光）」、あるいは「全能の光」などといった呼び名で、彼のことを認識していました。

しかし、私は、あなたがたに言う。私があなたがたの前に姿を現し、人間としての個性と人間の声を持って、人間として生き、日本人のような姿をとってあなたがたの前に立つのは、ほとんど初めてのことではありますが、これは私の本当の姿ではないのです。

　私は法そのものです。
　私は法則そのものです。
　私は光そのものです。
　私はアルファであり、私はオメガです。

I am the beginning, I am the ending.

I am the responsibility.

I am that I am.

This is El Cantare.

Integrating the discrepancies between religions

There are a lot of religions in the world, as you know, and each of the religions has its god or Buddha or something like that, a kind of supreme being. This is the origin of the war between religions in the world. There are a lot of gods, and the teachings of each of those gods are a little different. In some cases, they confronted each other, so there needs some

第3章　世界の平和と愛のために

私は始まりであり、私は終わりです。
私は「責任」です。
われは「在(あ)りて在るもの」なり。
それが、エル・カンターレです。

諸宗教の違いを統合するために

　ご存じのとおり、世界には数多くの宗教があり、それぞれの宗教に、それぞれの神や仏といった、何らかの至高の存在がいます。ここが、世界の宗教同士の戦争のもとになっているのです。多くの神が存在し、それぞれの教えが少しずつ異なっています。場合によっては、教えが互いに対立するため、何らかの統合が必要となってきます。

kind of integration or combination.

I must combine those kinds of discrepancies. And beyond those kinds of discrepancies between religions, I must insist that religion is good. Religion is beautiful. Religion is splendid. That's what I want to say to you.

Please don't look at the discrepancies, defects, or short points of religions. Please sincerely look at the essence of religion. The essence of religion is "peace and love." This is the essence of the worldwide religions, the religions which cover this Earth. This is the main point.

第 3 章　世界の平和と愛のために

　私は、そうした違いを統合しなければなりません。そして私は、それらの宗教の違いを超えて、「宗教は善なるものである」と言わねばなりません。宗教は美しいものです。宗教は素晴らしいものです。それが、私があなたがたに言いたいことであるのです。

　どうか、宗教の相違や欠点、短所を見ないでください。どうか、誠(まこと)の心で、宗教の本質に目を向けてください。宗教の本質とは「平和」と「愛」です。それが、この地球を覆(おお)っている世界宗教の本質です。ここがメイン・ポイントです。

The real meaning of peace and love that humankind has forgotten

I came here to teach you, all of you, what is peace, what is love. You, humankind, have forgotten about the real meaning of peace and love. Now, then I'll teach you. I'll show you the real meaning. It's what I meant, what I wanted to say. In every religion, I have instructed and have been instructing, in these several thousands of years from the heavenly world, the founder of every religion.

Peace means, if you are children of God, please be kind to other people and have good relationship with them, beyond your nationality, beyond your color of face, beyond

第3章　世界の平和と愛のために

人類が忘れてしまった「平和と愛」の意味

　私が来たのは、「平和とは何か」を、「愛とは何か」を、あなたがたに、あなたがたすべてに説くためです。あなたがた人類は「平和と愛」の真なる意味を忘れてしまっています。ならば今こそ、それらの真なる意味をあなたがたに教え、あなたがたに示しましょう。それこそ私が意味することであり、言いたいことです。すべての宗教において、過去数千年の間、私は天上界から、すべての宗教の開祖たちを指導し、指導し続けてきたのです。

　平和とは、「あなたがたが神の子であるならば、他の人々に優しくし、国籍を超え、肌の色を超え、言語を超え、国の政体を超えて、他の人々と、良き関係を築いていただきたい」ということです。

your language, or beyond the constitution of your country. Please make a good relationship among you. It is my hope.

Peace is produced from reliance. Please rely on other people, other humans, and please wish to make with each other a brighter future. Be kind to other people. Be kind to other nations. Be kind to the beings which are born on this Earth. I am the responsibility, or the power which feels responsibility for this Earth.

第 3 章　世界の平和と愛のために

あなたがたの間で、良き関係を築いてください。それが私の願いです。

　平和は「信頼」から生まれます。どうか他の人々を信頼し、ともに明るい未来を築いていくことを願ってください。他の人々に、優しくあってください。他の国々に対し、優しくあってください。この地球に生まれた存在たちへの優しさを持ってください。私は「責任」そのものであり、この地球に責任を感じているところの「パワー（力、権能）」そのものなのです。

2 The Age of Miracle

Pollution in the minds of people in the current age

Now, all the people in the world are talking about the environment of this Earth. The environment of the Earth is essential, of course, but I dare say you need something more and more essential than that. It is about the pollution of your minds, people's minds, the minds of people of all races. There is pollution in your minds. That "pollution" means the defect of belief, I mean, disbelief in God or Buddha.

2 奇跡の時代

現代世界に広がる「心の汚染」

　今、世界中のすべての人々が地球環境問題を話題にしています。もちろん、地球環境は非常に重要なことであるとは思いますが、私は、あえて言います。あなたがたには、もっともっと本質的なものが必要です。それは、あなたがたの、人々の「心の汚染」に関することです。すべての人種の人々の心の汚染です。あなたがたの心が汚染されているのです。「汚染」とは、信仰に欠けているものがあるということです。すなわち、「神仏への不信」です。

Why can you not believe in

Supreme beings?

I dare say

This is a rare case, indeed.

I know about that.

It is a miracle of the world.

It is a miracle of the times.

It is a miracle of the age.

It is a miracle of the era of the 21st century.

I came here again.

I came here on earth again.

I haven't forgot my promise.

I came here, and I am now standing here.

I am now teaching you.

なぜ、「至高の存在」を
信じることができないのか。
私は、あなたがたに言う、
今が本当に稀有なる機会であるということを。
私はそれを知っている。
これは全世界の奇跡である。
時代の奇跡である。
現代の奇跡である。
21世紀の奇跡である。

われは再びこの地に降りた。
再びこの地に下生した。
われは約束を忘れたことはない。
われは再び来たりて、今ここに立っている。
そして、あなたがたに教えを説いている。

Chapter 3 For Peace and Love of the World

The essence of love

Two thousand years ago, in the western area which is called Israel now, I taught a lot of lectures through the mouth of Jesus Christ. For example, "Love each other," "I am the prince of peace," and "I am the being from the beginning." A lot of lectures are written in the New Testament.

So, I will again teach you. English is not my mother tongue, so it is not enough for me here to teach you my real meaning exactly, I mean 100 percent, but almost all of you can hear me about what I want to say. So, I speak in English.

第3章　世界の平和と愛のために

愛の本質

　今から二千年前、現在イスラエルと呼ばれている西方の地で、私はイエス・キリストの口を通して数多くの教えを説きました。たとえば、「互いに愛し合え」「われは平和の王子である」「われは太初より存在した者である」といった教えがあります。多くの説法が『新約聖書』に書かれています。

　ゆえに、私は再びあなたがたに説きます。英語は私の母国語ではないため、自分が本当に伝えたい意味をここで正確に、100パーセント伝えるには不十分ですが、大部分の方に私の言いたいことを聴いていただくことができますので英語でお話しします。

I dare say

I am the love, itself.

Love means the being

Which breeds other people,

Breeds this world,

And breeds the relationship of

Human networks in this world.

To love is to breed.

To love is to let other people grow up.

To love is to help others to grow up.

Love is a power,

And the most influential power

In this world.

If you understand

My words exactly

私は言う。

私は愛そのものです。

愛とは他の人々を育み、

世界を育み

この世界における

人々のネットワークを

育んでいくものです。

愛するとは育むことです。

愛するとは人を育てることです。

愛するとは人の成長を助けることです。

愛は力であり、

この世で最大の影響力です。

あなたがたが私の言葉を、

「愛」という言葉で私が意味しているものを

Chapter 3 For Peace and Love of the World

Or what I mean by "love",
Love is the essence of God,
Love is the essence of light,
And love is the aim of
Human lives in this world.
To love is to believe.
To believe is to live.
To live is to just know
What you are.

Please live a better life from now on
Because you are
The sons and daughters of love,
The love of the planet,
The love from the celestial world,
The love from the Superior Being.

第3章　世界の平和と愛のために

正確に理解することができるなら

愛とは神の本質であり

愛とは光の本質であり

愛とはこの世における

人生の目的そのものです。

愛するとは、信じることです。

信じるとは、生きることです。

生きるとは、

自分が何者であるかを知るということです。

これより後、よりよい人生を生きてください。

なぜなら、あなたがたは

愛の子らであるからです。

この星の愛、

天上界からの愛、

至高の存在からの愛です。

And you, yourself, have
Such sacred beings,
Sacred light in you.

Now is the time for forgiveness

Please believe my words. These are the words from heaven. These are not the words of a human. These are the words from higher, ninth-dimensional heaven. These are the words which create this world on earth, the meaning of the lives of human beings.

So, if you believe in me,
Do, act, and exist
As love behaves itself.

そして、あなたがた自身が自らの内に
そうした聖なるものを、
聖なる光を宿しているのです。

今こそ「許し」の時

　どうか、私の言葉を信じてください。これは天から臨んでいる言葉です。人間の言葉ではありません。高級霊界・九次元天上界からの言葉です。この地上世界を、人類の命の意味を、創造する言葉です。

　ゆえに、私を信じたなら
愛そのものが働くかのように
行い、行動し、存在してください。

Chapter 3 For Peace and Love of the World

It's not so difficult.

Be kind to others.

Be kind to your enemies.

Please give forgiveness for your enemies.

Please forgive people who insulted you,

Who brought you sad feelings,

And who hurt you.

Please give love to the people who hurt you.

And love even such kind of people.

Love such kind of people

Until you hurt yourself.

If you don't like some people, in your life or now, as is often the case, you hate such kind of people, and you cannot forgive such people.

それは、さほど難しいことではありません。

人に優しくあれ

敵に対しても優しくあれ。

汝(なんじ)の敵に許しを与えよ。

あなたを辱(はずかし)め

あなたに悲しみをもたらし

あなたを傷つけた人々を許せ。

あなたを傷つけた人々に愛を与えよ。

そして、そうした人々をも愛せ。

あなた自身が傷つくまで

そうした人々を愛せ。

　人生の中で、あるいは今、あなたが好きになれない人がいるとしたら、たいていの場合は彼らを嫌い、許すことができないでしょう。

But this is the time. You must give forgiveness for such kind of people because you are looking at me now, because I'm forgiveness, itself. I came here, to this terrestrial world, to forgive people. I don't want to make you sinners. You are not sinners if you believe in me because I'm forgiveness, itself.

Aim for progress and become closer to God

Men and women are likely to make mistakes,
And easily go into the way of decline.
However, here I am.
I am the progress.
I am the progress, itself.

しかし、今がその時です。彼らを許さねばなりません。なぜなら、あなたがたは今、私の姿を目にしており、私は許しそのものであるからです。私がここに、この地上界に来たのは、人々を許すためです。あなたがたを罪人(つみびと)にしたい気持ちなどありません。私を信じるなら、あなたがたは罪人ではありません。私は許しそのものであるからです。

「発展」を目指し神近きものとなれ

　男も女も間違いを犯しやすく
　堕落(だらく)への道に陥(おちい)りやすいものです。
　されど、私がいます。
　私は発展です。
　私は発展そのものです。

I stand by you

To assist you to progress.

You must aim for progress.

Progress means to become a higher being,

To become more sacred,

To come to have a tendency to love God,

Or to be prone to stand by me.

あなたがたの発展に力を貸すため、

私がそばについています。

あなたがたは発展を目指さねばなりません。

発展とは、より高次の存在、

より聖なる存在となることを意味します。

神を愛する傾向を持つようになることであり

私のそば近くにある者となっていくことです。

3 "For Peace and Love of the Earth" — the Wish of God

Peace and love are brother and sister, or sister and brother

So, by one day, a bit earlier than the usual Christmas celebration, I dare say… in reality, I must make a speech in front of the Christian people in church, but I am making a speech through Happy Science, in Shibuya Shoja, for the people who believe all over the world.

Today, my lecture, in a nutshell, is about peace and love. Peace and love are not different ones. Peace and love are sister and brother. Brother and sister, it's peace and love. Where

第3章　世界の平和と愛のために

3　神が願う
　「地球の平和と愛」のために

平和と愛は兄弟姉妹

　というわけで、通常のクリスマスの祝日より一日、少し早目に、あえて言えば……本来なら、教会でキリスト教徒たちを前にして話をしなければいけないところではありますが、幸福の科学の渋谷精舎を通して、全世界の信じる人々のためにお話ししているわけです。

　今日の説法は、端的に言えば「平和と愛」についてです。平和と愛は、別のものではありません。平和と愛は、兄弟姉妹です。それが平和と愛です。愛があるところ、平和があり、平和があるところ、

Chapter 3 For Peace and Love of the World

there is love, there is peace. Where there is peace, there is love. Love and peace, peace and love, they are sister and brother, brother and sister. We cannot choose only one. We must choose both two.

Mr. President Obama of the United States has received the Nobel Prize regarding peace, but even now, he's bombing Afghanistan with some kind of reason, I know. In the standpoint of the United States of America, they cannot forgive terrorism or terrorists. I know about that.

But even the Taliban people, they, themselves, are not evil people. In their word, in their language, "Taliban" means "students of God." It means so in Islam. Even the Islamic

愛があります。愛と平和、平和と愛は、兄弟姉妹です。片方だけを選べるものではなく、その両方を選ばなければなりません。

　アメリカのオバマ大統領はノーベル平和賞を受賞しましたが、今なお、アフガニスタンで空爆を続けています。それには、いくつか理由があることはわかります。アメリカの立場からすれば、テロやテロリストは許せないこともわかります。

　しかし、タリバンであっても、彼ら自身は悪人というわけではありません。タリバンとは、彼らの言葉で「神学生（神の道を求める者たち）」という意味です。イスラム教ではそういう意味なので

teachings, I made influence on it in the history of humankind.

So, I must save people from hatred or misunderstanding of religions. If God doesn't like some race, I mean, some kind of nation, for example, their skin color is red, black, blue, white, or yellow, I don't know exactly but, it is not the real meaning, the real heart of God. So, I want to go further than the Nobel Prize and teach the real meaning of peace on Earth. It's made by reflection between two people who stand on different bases of religion.

第3章　世界の平和と愛のために

す。そして、私はイスラム教の教えにも、人類の歴史の中で影響を与えてまいりました。

　ですから、私は、宗教に関する憎しみや誤解から人々を救わねばなりません。もし、神がある人種を、ある国民を好きでないとしたら——たとえば、肌の色が赤、黒、青、白、黄色など、私も詳しくは知りませんが——それは神の真意でも、神の本当の心でもありません。私はノーベル賞を超えて、「地球の平和」ということの本当の意味を教えたいのです。それは、宗教的立場が異なる二種類の人々の間の「反省」から生まれるものです。

Chapter 3 For Peace and Love of the World

I need people of light in countries all over the world

So, Happy Science is very, very important in this time, in this era, in this global age of people. Only we, Happy Science, can integrate and can accept all differences of religions.

I need the people of light in this world. I need disciples who assist me in this age, in this world, in this country, and in your countries. Evil has been made by human beings. Now then, if this is the truth, evil almost can be destroyed, can be made to disappear from this Earth, by dint of human power and human beliefs.

第3章　世界の平和と愛のために

世界各国に「世の光」が必要である

　ですから、現代、今の時代、人々が地球規模で生きているこの時代において、幸福の科学は非常に非常に重要です。すべての宗教の違いを統合し、受け入れることができるのは、私たち幸福の科学以外にありません。

　私には「世の光」となる人が必要です。今の時代に、この世界で、この国で、また、あなたがた（外国人の聴衆）の国で、私を支える弟子たちが必要です。「悪」とは人間がつくり出してきたものです。ならば、それが真実であるならば、人間みずからの力によって、人間の信仰の力によって、悪を打ち砕き、この地上から消し去ることは、ほぼ可能であるのです。

I am the main light. However, I need different kinds of light from all over your countries. Not only the Japanese, but also the people from other countries can assist our movement, and of course, be invited to this movement because we are one, we are one nation, we are one race, and we are the children of the Supreme Being who are living in this globe.

> So, be brave,
> Be positive,
> Be constructive,
> Be patient,
> And be kind to others.
> People who obey my teachings

第3章　世界の平和と愛のために

　私が「中心的な光」です。されど私には、全世界のあなたがたの国からも、さまざまな光が必要です。日本人だけでなく他の国の人々も、私たちの活動を支援することができますし、当然、この活動に招かれています。なぜなら、私たちは一つであり、同じ一つの国民であり、同じ一つの人種であり、この地球に生きる、至高神の子供たちであるからです。

　ならば、勇敢(ゆうかん)であれ。
　積極的であれ。
　建設的であれ。
　忍耐強くあれ。
　他の人々に優しくあれ。
　私の教えに従う人々は近い将来、

Will meet again in the near future,
In a beautiful landscape, the heavenly world.

You are now invited by God

I again tell unto you,
Peace and Love, Peace and Love,
These are required now, on this Earth.
Beyond the United Nations, we, Happy Science
Conduct this peace and love on Earth.

So, if there are first-timers in you,
Please believe in me.
I just came here
To save the people of the world,
Not just the Japanese people.

美しい風景の中で、天上界で
再会を果たすことでしょう。

あなたは今、神に招かれている

私は再び、あなたがたに言う。
「平和と愛」、「平和と愛」、
この二つが今、この地球に求められています。
私たち幸福の科学は、国連を超えて
この地上で「平和と愛」を行うものです。

ゆえに、あなたがたの中に初めて来た方がいるなら
どうか私を信じてください。
私が来たのは
全世界の人々を救うためです。
日本人だけではありません。

Chapter 3 For Peace and Love of the World

I am not the savior of the Japanese people.

I am the being beyond this country.

I love each of the people of every country.

So, believe in me.

Please follow me.

Do what you can, what you are able to do.

You are invited now.

God thinks that

You are available as tools of God,

To live as tools of God.

Be brave.

Be courageous.

And lead splendid lives.

Thank you. Merry Christmas.

私は日本人だけの救世主ではありません。

私は、この国を超えた存在です。

私は、すべての国の、すべての人を愛しています。

ゆえに、われを信ぜよ。

われに従い来よ。

あなたにできることを、なしうることを、せよ。

あなたは今、招かれている。

あなたは、神に使われる道具として

生きることができる。

神は、そう思われている。

勇敢であれ。

勇気を持て。

そして、素晴らしき人生を生きよ。

ありがとうございました。メリー・クリスマス。

第4章

The Age of Mercy
（慈悲の時代）

September 18, 2011
at Kuala Lumpur Convention Centre,
Kuala Lumpur, Malaysia
（2011年9月18日　マレーシア・クアラルンプール
クアラルンプール コンベンション センターにて）

Chapter 4 The Age of Mercy

1 All Religions Come from One Origin

A condition for Malaysia to become an advanced country

Hello, Malaysia. Nice to meet you. Thank you very much for coming today. I'm very happy to meet so many people here in Malaysia.

This is my first lecture in Malaysia as announced already [*audience applauds*], but this might be the last lecture if you do not believe me [*audience laughs*]. So, these 30 minutes are very important. It depends on you. If this will

第4章　慈悲の時代

1 すべての宗教は一つの「根源なるもの」から来ている

マレーシアが先進国になるための条件

　マレーシアのみなさん、こんにちは。はじめまして。本日は、お集まりくださって、本当にありがとうございます。こんなに多くの方々と、ここマレーシアでお会いできて、とてもうれしく思います。

　すでに案内があったように、今回が、私にとって、マレーシアでの最初の説法です（会場拍手）。ただ、もし、みなさんが私を信じなければ、最後の説法になるかもしれません（会場笑）。ですから、この30分は、非常に重要な時間であり、どうなるかは、

Chapter 4 The Age of Mercy

be my first or the last time, I do not know exactly; Only God knows about that.

But I've heard you, Malaysian people, are very spiritual people. It's very welcoming for me, and a very good condition for me to give a lecture.

Recently I've heard that this country is aiming at becoming one of the advanced countries in the world by 2020. From the appearance of the city, this seems almost possible in the meaning of civilization, such as in the construction of buildings, in the construction of a lot of factories, and in the construction of modern utilities.

And also, I've heard that you are very

第４章　慈悲の時代

みなさん次第です。最初で最後の説法になるかどうか、はっきりとはわかりません。神のみぞ知ることです。

　ただ、「マレーシアのみなさんは、非常に霊的な方々である」と聞いています。それは、私にとって非常に歓迎すべきことであり、説法をするには、とてもよい条件です。

　最近、聞いたところによると、「この国は、2020年までに世界の先進国の仲間入りをすることを目指している」とのことでした。この都市の外観を見るかぎり、「文明化」という意味では、それはほぼ可能だと思います。つまり、「ビルや多くの工場、近代的な公共施設などを建設する」という意味においてです。

　それでいて、みなさんは、「非常に霊的な方々で

spiritual people, and I was impressed by that.

But here in Malaysia, there is one condition that you must solve by 2020. It is about religion.

Even for me, it's very difficult to speak my own opinion strictly to you, because there are a lot of religions in the world and there are walls between each religion. So, it is my main aim to overcome this barrier between religions.

God's love is proved by revelations from Heaven

Nowadays one of the main problems is the misunderstanding between the Western society—the Christian society of course—

ある」と聞いて、私は感銘を受けたのです。

　しかし、ここマレーシアには2020年までに解決しなければいけない条件が一つあります。それは宗教に関することです。

　自分の考えを厳密に述べることは、私であっても、実に難しいことです。世界には数多くの宗教があり、それぞれの宗教の間に壁があるからです。ですから、この宗教間の障壁を乗り越えることが、私の主たる目標なのです。

神の愛は天上界からの啓示によって証明される

　現代における最大の問題の一つは、西洋社会、つまりキリスト教社会と、イスラム教社会との間の誤解にあります。今日(こんにち)、イスラム教徒は誤解さ

and the Islamic society. Muslim people are nowadays misunderstood, and even in this country, Malaysia, it's very difficult to deal with religious matters. It's very difficult, indeed.

But I dare say that all religions come from one origin. It is already said so in the Quran by Muhammad; he said "the One God sent Abraham, Noah, Moses, and Jesus Christ. He said that they are the messengers of God and that the last prophet is Muhammad."

I think this expression is interpreted a little differently by Western people. There is not much difference between a prophet, a messenger, and an envoy, but this expression is interpreted very strictly. This is one

第4章　慈悲の時代

れており、このマレーシアにおいても、宗教問題を扱うのは非常に難しいことです。本当に難しいのです。

　しかし、私はあえて申し上げます。すべての宗教は、一つの「根源なるもの」から来ているのです。それは、ムハンマドも、『コーラン』で述べています。彼は、「一なる神が、アブラハムやノア、モーセ、イエス・キリストを地上に送ったのであり、彼らは神の使者であった。そして、最後の預言者がムハンマドである」と言っています。

　西洋人は、この表現について少し違う解釈をしていると思います。「預言者」や「使者」や「代理人」という言葉には、大きな違いはありません。しかし、表現をきわめて厳密に捉えてしまっており、ここに一つの誤解があります。

Chapter 4 The Age of Mercy

misunderstanding.

And I dare say, that is not all. The One God also sent Socrates of Greece, Confucius of China, Gautama Siddhartha of India, and other prophets and messengers from the heavenly world. There is the Supreme Being in Heaven.

Just as Muhammad received revelations from Heaven through Gabriel 14 centuries ago, I also received revelations this time in 1981. More than 30 years have passed since then. During these 30 years, I published more than 700 books and held almost 1,600 lectures.* This

---

●At the time of the lecture. As of September, 2019, the author has published over 2,500 books and has given over 2,900 lectures.

第 4 章　慈悲の時代

　そして、あえて申し上げますが、これがすべてではありません。一なる神は、ギリシャのソクラテス、中国の孔子、インドのゴータマ・シッダールタ、そして、その他の預言者や使者をも、天上界から送り込みました。天上界には、至高神が存在するのです。

　ムハンマドが、千四百年前に、天上界からガブリエルを通して啓示を受けたように、私も今回、1981 年に啓示を受けました。それから三十年以上たっています。この三十年間で、私は 700 冊以上の本を出版し、1600 回ほどの説法を行ってきました。これは、至高神の力です。人間の力ではない

●説法当時。2019 年 9 月時点で、著書の発刊点数は 2500 書、説法回数は 2900 回を超える。

is the power of the Supreme Being. This is not the power of a human being.

The same thing happens in several hundreds or several thousands of years. This is the proof of the love of God. The love is proved by revelations from Heaven.

のです。

　数百年あるいは数千年にわたって、同じことが起きているのです。これが神の愛の証明です。神の愛は、天上界からの啓示によって証明されるのです。

2 Religion is not a Tool to Rule People

All people have the right to know the real knowledge of God

More than 60 percent of Malaysian people are Muslims, but in this place we publicized "Non-Muslims Only." I feel very sorry about that.

Yesterday I went to the Kinokuniya Bookstore near here. One Muslim lady was reading my book at the entrance.

I asked her, "Is it a good book? Are you interested in the book?" Then she said, "Yes, it's very interesting."

第4章　慈悲の時代

2　宗教は人々を支配する道具ではない

すべての人に「神について正しく知る権利」がある

　マレーシアの方たちの60パーセント以上はイスラム教徒ですが、この会場においては、「イスラム教徒以外の方のみ」という案内をしました。非常に残念なことです。

　昨日、この近くにある紀伊國屋書店に行ったところ、店の入り口で、一人のイスラム教徒の女性が私の本を読んでいました。

　彼女に、「それはよい本ですか。その本に興味はありますか」と尋(たず)ねると、彼女は、「はい、とても興味深いです」と言いました。

So I said, "Please look at the picture of the man on the cover of the book. It's me who wrote the book!" [*Audience laughs*]. She was astonished by that.

I believe discriminations and differences exist only in this earthly world. God does not want hesitation toward people. All people have the right to know, and the right to read the revelations and the real knowledge of God.

Religions should stand by people

I dare say: I was born as a Japanese this time. I'm Japanese, but in the accurate meaning, I'm not Japanese.

そこで、私が、「どうぞ、本の表紙の写真の男性を見てください。この本を書いたのは、私なのです」(会場笑) と言うと、彼女は驚いていました。

私は、「さまざまな差別や違いは、この地上世界においてのみ存在するものである」と信じています。神には、人間に対して、ためらう気持ちはありません。すべての人に、神の啓示や神についての真実の知識を知る権利があり、読む権利があるのです。

宗教は、人々の側に立つべきもの

あえて申し上げます。私は今世、日本人として生まれています。日本人ではありますが、厳密に言えば、日本人ではありません。

Chapter 4 The Age of Mercy

I am the national teacher of Japan now. For example, our new Prime Minister Noda (at the time of the lecture) has heard my lecture at our local branch, and he has studied my books. Also, Empress Michiko (at the time of the lecture) has been reading my spiritual books for more than 20 years. I'm established as a spiritual leader in Japan.

I started this new mission, the world missionary work, four or five years ago. And I found that people's races are not important; their religions are not important; their colors are not important; their opinions and creeds are not important. What is important is the meaning of religion; whether or not religions want to stand by people, or stand by each

第4章　慈悲の時代

　私は現在、日本の国師(こくし)です。たとえば、野田新首相（説法当時）は、幸福の科学の支部精舎(しょうじゃ)で私の法話を聴いたことがありますし、私の本も勉強しています。また、美智子皇后(みちここうごう)（説法当時）も、二十年以上、私の霊的な内容の本を読んでおられます。私は、日本の精神的指導者として認められているのです。

　私は、この海外伝道という新たな使命を開始して四、五年になりますが、「人種の違いは重要ではない。宗教の違いも重要ではない。肌の色や考え方、信条などの違いも重要ではない」ということがわかりました。大切なのは、宗教の意味、つまり、「宗教が、人々の側に立とうとしているかどうか、一人ひとりの側に立とうとしているかどうか」ということなのです。

person.

In some countries, religion is used as a tool to rule people. It is misused as an explanation for poverty. Or, when the rulers do not succeed in economic growth, they ascribe it to religion.

But I am sure that religion should stand by people.

Look at the affairs occurring in Africa. Look at the incidents occurring in the Middle East. There are happening a lot of wars and conflicts, but they are not just wars and conflicts. They are wars between religions that are *for* the people and religions that are *against* the people. These are the phenomena occurring in the world nowadays.

第4章　慈悲の時代

　ある国では、宗教が人々を支配するための道具として使われています。そして、貧しさの理由を説明するために宗教が悪用されています。あるいは、統治者が経済成長に成功しなかったとき、宗教のせいにしています。

　しかし、私は、「宗教は、人々の側に立つべきものである」と確信しています。

　アフリカで起きている出来事を見てください。中東で起きている事件を見てください。数多くの戦争や紛争が起きていますが、それらは単なる戦争や紛争ではなく、「人々のためになっている宗教と、人々のためになっていない宗教」との戦いなのです。それが、今、世界中で起きている現象です。

3 El Cantare is the Last Hope of the Human Race

The Supreme Being exists beyond all gods

I dare say:

It's time; this is the time. This is the time that all of you were waiting for. This is the last chance for the people, the human race.

Now, seven billion people are living on earth, and the population is heading toward ten billion soon in this century. Now is the time. If the One God exists in Heaven, He must surely say something to the people of the world.

第4章　慈悲の時代

3　エル・カンターレは 「人類の最後の希望」

すべての神々を超えた至高神が存在する

　私は、あえて申し上げます。

　今が、その時です。今が、その時であり、あなたがたすべてが待ち望んでいた時代です。これが、人類にとって最後のチャンスなのです。

　現在、地上には70億人が生きており、今世紀中の近いうちに、100億人に達する勢いで増えています。今が、その時なのです。もし、天上界に一なる神がいるならば、彼は、世界の人々に向けて、何かを言われるはずです。

Chapter 4 The Age of Mercy

I said *He,* but He is not a human; He is the Supreme Being; the Supreme Being which exists beyond gods of all nations. There is the Supreme Being. Muhammad said it correctly; it's true.

But I dare say: Do not use God as a tool of war, a tool for triflings, or a tool for conflicts. God hates people killing each other. God loves people. The mercy of God is given through His revelations, through the messengers and prophets He sends.

In my book, *The Golden Laws*, there is written the secret project of God. There are a lot of messengers, envoys and prophets.

I dare say: Christian people say that Jesus

第4章　慈悲の時代

　私は〝彼〟と言いましたが、それは人間ではありません。「至高神」のことです。すべての国の神々を超えて存在する、至高の存在です。「至高神」が存在するのです。ムハンマドが言ったことは、正しかったのです。それは真実です。

　しかし、私はあえて申し上げます。神を、戦争の道具として使うなかれ。些細(ささい)なことの道具として、紛争の道具として、神を使ってはなりません。神は、人々が互いに殺し合うことを好みません。神は、人々を愛しているのです。神の慈悲は、神の啓示を通して、神が送り込んだ使者や預言者を通して、与えられます。

　私の著書『黄金の法』には、神の秘された計画が書かれています。数多くの使者や代理人、預言者がいるのです。

　あえて申し上げます。キリスト教徒は、イエス・

Christ is the only son of God. In some meaning it's true, but in another meaning it's not true.

God sends a lot of angels, great angels, and near-God existences into this world for the love of the people, for the love of the world, and for the love of pacifism.

So, don't envy other people. Don't be angry about the differences between races and between people.

The God who appears in the Quran is El Cantare

The One Supreme Being was called El and sometimes Elohim.

第4章　慈悲の時代

キリストのことを、「神のひとり子である」と言っています。これは、ある意味では真実ですが、別の意味では真実ではありません。

　神は、人々を愛するがゆえに、世界を愛するがゆえに、平和主義を愛するがゆえに、数多くの天使や大天使、神近き存在を地上に送っているのです。

　したがって、他の人々をうらやんではなりません。人種や民族の違いに怒りを感じてはなりません。

『コーラン』に出てくる神は、エル・カンターレのこと

　一なる至高の存在は、「エル」とも、ときには「エローヒム」とも呼ばれていました。

Chapter 4 The Age of Mercy

In the Quran, the Only God sometimes says *I* and sometimes says *We*. *I* means El, and *We* means Elohim. Elohim means El Cantare; that is the truth.

I dare say:

I am the last hope for the human race.

I am the Gospel for the human race.

The time has come.

You need a new religion which combines all the religions and all the differences, and overcomes all the discriminations in the world.

Regardless of the color of skin, the differences in educational and academic background, the difference in wealth, or

第4章　慈悲の時代

　『コーラン』では、唯一神は「私」と言ったり、「私たち」と言ったりしています。「私」とは、エルのことであり、「私たち」とは、エローヒムのことです。エローヒムとは、エル・カンターレです。それが真実なのです。

　あえて申し上げます。
　私は、人類の最後の希望です。
　私は、人類の福音です。
　その時が来たのです。
　あなたがたには、世界中のすべての宗教を統合し、すべての違いを統合し、すべての差別を乗り越える「新しい宗教」が必要です。
　肌の色の違いにも、教育や学歴の違いにも、貧富や育ちの差にもかかわりなく、神はすべての人を愛しています。あえて申し上げます。エル・カ

breeding, God loves every person. I dare say that nationalities mean nothing to El Cantare.

El Cantare can overcome every difficulty occurring on this earth. So, I came here.

ンターレにとっては、国の違いなど、何の意味もありません。

　エル・カンターレは、この地上に起きている、ありとあらゆる困難を乗り越えることができます。それゆえに、私は来たのです。

4 We are Living in The Age of Mercy

We invited non-Muslims only to this place, but today, our members from Iran came here from across the sea. Dozens of our Iranian members came here to listen to my lecture, because it is very difficult for them to enter Japan due to the 9.11 incident. So, they came to Malaysia only to listen to me for 30 minutes. I think they are very blessed people. I love them.

>I love Islamic people,
>I love Buddhist people,
>I love Christian people,

4 私たちは「慈悲の時代」を生きている

　ここには、イスラム教徒以外の方だけを招待しましたが、本日はイランから、数十名のイラン人信者が海を越えて、この場に集い、私の説法を聴いています。なぜなら、彼らは、9.11の事件以来、日本に入国することが非常に難しくなっているからです。ですから、彼らは、たった30分の説法を聴くためだけに、マレーシアにやってきました。本当に祝福された人々であると思います。私は彼らを愛しています。

　私は、イスラム教徒を愛しています。
　仏教徒も愛しています。
　キリスト教徒も愛しています。

Chapter 4 The Age of Mercy

I love people of all other religions,

And of all nations.

I love the people who believe in me,

And I also love the people

Who do not believe me.

This is mercy.

This is the mercy which nourished

Human beings from the beginning.

I first appeared on earth 300 million years ago. At that time, my name was Alpha.

I appeared again and at that time, my name was Elohim.

Thirdly, I declared that the hidden name of the Supreme Being is El Cantare.

第4章　慈悲の時代

その他すべての宗教の信者も、
すべての国の人々をも愛しています。
私は、私を信じる人々を愛しています。
そして、私を信じない人々をも
愛しています。
これが慈悲です。
これが、人類をその始まりから育んできた
慈悲なのです。

　私は、三億年前に初めて地上に姿を現しました。その当時の名を、「アルファ」と言います。
　また、再び現れ、その時、私の名は「エローヒム」でした。
　そして三度目に、私は、至高神の隠されていた名が「エル・カンターレ」であることを宣言しました。

El Cantare means

The light of the Earth.

I am the creation itself.

I am the improvement of the human race.

I am the destination of the people in the world.

I am the key to Heaven.

And I am the forgiveness

For all of you.

Please overcome your difficulties.

Please overcome your sufferings.

Please overcome every past revelation

And the differences in religion.

You are children of God.

You are created equal.

You are promised to be

第4章　慈悲の時代

エル・カンターレとは、

「地球の光」という意味です。

私は、創造そのものです。

私は、人類の向上です。

私は、全世界の人々が目指す目的地です。

私は、天国への鍵です。

そして、私は

あなたがたすべてにとっての「許し」です。

どうか、困難を乗り越えてください。

どうか、苦しみを克服してください。

どうか、あらゆる過去の啓示、

宗教の違いを乗り越えていってください。

あなたがたは、神の子であり

平等に創られた存在です。

あなたがたは、もっともっと

Chapter 4 The Age of Mercy

Happier and happier.

That is my real desire.

I dare say:

Each of you is equal.

At the bottom of your hearts,

You all have a diamond of God.

You and El Cantare, we are the same.

We are one.

Asia is one.

The world is one.

We are living in the Age of Mercy.

Mercy is a different name of God.

Mercy means,

"God stands by you every day.

第4章　慈悲の時代

幸福になることを約束されています。

それが私の真なる願いです。

私は、あえて申し上げます。

あなたがた一人ひとりは平等です。

すべての人は、心の奥底に

神のダイヤモンドを宿しています。

あなたがたとエル・カンターレは同一です。

私たちは一体です。

アジアは一つです。

世界は一つです。

われらは「慈悲の時代」を生きているのです。

慈悲とは、神の別名です。

慈悲とは、

「神は、日々、あなたの傍(かたわ)らに立っている。

In whatever case, come what may,

God is with you".

When God is with you,

Nothing can defeat you.

You can overcome everything.

You are invincible beings.

Please believe in me.

This is my message in Malaysia.

Thank you very much.

第4章　慈悲の時代

どんな時も、たとえ何があろうとも
神はあなたと共にある」ということです。
神と共にあるならば、あなたがたを
打ち負かすことができるものはありません。
あなたがたは、すべてを乗り越えることができます。
あなたがたは、無敵の存在であるのです。
どうか、私を信じてください。

これが私のマレーシアでのメッセージです。
ありがとうございました。

『The Age of Mercy 慈悲の時代』大川隆法著作関連書籍

『太陽の法』
『黄金の法』
『信仰の法』
『永遠の仏陀』
『大川隆法 シンガポール・マレーシア 巡錫の軌跡』
(いずれも幸福の科学出版刊)

The Age of Mercy 慈悲の時代

——宗教対立を乗り越える「究極の答え」——

2019年9月27日　初版第1刷

著　者　大　川　隆　法

発行所　幸福の科学出版株式会社

〒107-0052　東京都港区赤坂2丁目10番14号
TEL(03)5573-7700
https://www.irhpress.co.jp/

印刷・製本　株式会社 堀内印刷所

落丁・乱丁本はおとりかえいたします
©Ryuho Okawa 2019. Printed in Japan. 検印省略
ISBN 978-4-8233-0113-1 C0014
カバー saicle/PHOTOCREO Michal Bednarek
帯 Muhamad Taufiq Bin Azmi/S-F
以上、Shutterstock.com
装丁・写真（上記・パブリックドメインを除く）© 幸福の科学

大川隆法ベストセラーズ・幸福の科学の基本思想

太陽の法
エル・カンターレへの道

創世記や愛の段階、悟りの構造、文明の流転を明快に説き、主エル・カンターレの真実の使命を示した、仏法真理の基本書。14言語に翻訳され、世界累計1000万部を超える大ベストセラー。

2,000円

黄金の法
エル・カンターレの歴史観

歴史上の偉人たちの活躍を鳥瞰しつつ、隠されていた人類の秘史を公開し、人類の未来をも予言した、空前絶後の人類史。

2,000円

永遠の法
エル・カンターレの世界観

すべての人が死後に旅立つ、あの世の世界。天国と地獄をはじめ、その様子を明確に解き明かした、霊界ガイドブックの決定版。

2,000円

幸福の科学出版

大川隆法ベストセラーズ・よみがえる仏陀の教え

仏陀再誕

縁生の弟子たちへのメッセージ

我、再誕す。すべての弟子たちよ、目覚めよ——。二千五百年前、インドの地において説かれた釈迦の直説金口の教えが、現代に甦る。

1,748円

永遠の仏陀

不滅の光、いまここに

すべての者よ、無限の向上を目指せ——。大宇宙を創造した久遠仏が、生きとし生ける存在に託された願いとは。

1,800円

釈迦の本心

よみがえる仏陀の悟り

釈尊の出家・成道を再現し、その教えを現代人に分かりやすく書き下ろした仏教思想入門。読者を無限の霊的進化へと導く。

2,000円

※表示価格は本体価格(税別)です。

大川隆法霊言シリーズ・キリスト教とイスラム教の真実

キリストの幸福論

失敗、挫折、苦難、困難、病気……。この世的な不幸に打ち克つ本当の幸福とは何か。2000年の時を超えてイエスが現代人に贈る奇跡のメッセージ！

1,500円

ムハンマドの幸福論

西洋文明の価値観とは異なる「イスラム世界」の幸福とは何か？ イスラム教の開祖・ムハンマドが、その「信仰」から「国家観」「幸福論」までを語る。

1,500円

日本の使命

「正義」を世界に発信できる国家へ

哲学なき安倍外交の限界と、東洋の盟主・日本の使命を語る。香港民主活動家アグネス・チョウ守護霊、イランのハメネイ師&ロウハニ大統領守護霊霊言を同時収録。

1,500円

幸福の科学出版

大川隆法 海外巡錫シリーズ・世界教師としての教え

「不惜身命」特別版・ビジュアル海外巡錫シリーズ
大川隆法 シンガポール・マレーシア 巡錫の軌跡
〔監修〕大川隆法 /（宗）幸福の科学 編

初のイスラム教圏で開催された、記念碑的講演！経済大国シンガポールとイスラム教圏マレーシアで世界教師が心の指針を説く。東南アジアの発展の未来がここに示された。

1,300円

「不惜身命」特別版・ビジュアル海外巡錫シリーズ
大川隆法 インド・ネパール 巡錫の軌跡
〔監修〕大川隆法 /（宗）幸福の科学 編

2011年の2月から3月にかけて、インド、そしてネパールで開催された大川隆法・英語説法。人びとを感動で包んだその4連続講演を記録した、歴史的ビジュアルブック。

1,300円

「不惜身命」特別版・ビジュアル海外巡錫シリーズ
大川隆法 フィリピン・香港 巡錫の軌跡
〔監修〕大川隆法 /（宗）幸福の科学 編

あらゆる人種や言語、そして宗教の違いを超えて。2011年5月、アジア最大のキリスト教国と経済都市に衝撃を与えたワールド・ティーチャー大川隆法の連続英語講演。

1,300円

※表示価格は本体価格（税別）です。

大川隆法シリーズ・最新刊

習近平の娘・習明沢の守護霊霊言
―「14億人監視社会」陰のリーダーの"本心"を探る―

2030年から35年に米国を超え、世界制覇の野望を抱く中国。その「監視社会」を陰で操る、習近平の娘・習明沢の恐るべき計画とは。毛沢東の後継者・華国鋒の霊言も収録。

1,400円

自由のために、戦うべきは今
―習近平 vs. アグネス・チョウ 守護霊霊言―（香港革命）

世界が注視し、予断を許さない香港デモ。中国の全体主義に対し、「自由の創設」をめざして香港で「革命」が起こっている。天草四郎の霊言、ハンナ・アレントの霊言も収録。

1,400円

オスカー・ワイルドの霊言
ほんとうの愛とLGBT問題

英語霊言
日本語訳付き

世界で広がるLGBTの新しい波。同性愛はどこまで許されるのか。真の愛、真の美とは何であるのか。イギリス世紀末文学の代表的作家が、死後119年目の本心を語る。

1,400円

幸福の科学出版

大川隆法「法シリーズ」

青銅の法

法シリーズ第25作

人類のルーツに目覚め、愛に生きる

限りある人生のなかで、
永遠の真理をつかむ——。
地球の起源と未来、宇宙の神秘、
そして「愛」の持つ力を明かした、
待望の法シリーズ最新刊。

第1章 情熱の高め方
── 無私のリーダーシップを目指す生き方
第2章 自己犠牲の精神
── 世のため人のために尽くす生き方
第3章 青銅の扉
── 現代の国際社会で求められる信仰者の生き方
第4章 宇宙時代の幕開け
── 自由、民主、信仰を広げるミッションに生きる
第5章 愛を広げる力
── あなたを突き動かす「神の愛」のエネルギー

2,000円

ワールド・ティーチャーが贈る「不滅の真理」

「仏法真理の全体像」と「新時代の価値観」を示す法シリーズ！
全国書店にて好評発売中！

※表示価格は本体価格（税別）です。

幸福の科学グループのご案内

宗教、教育、政治、出版などの活動を通じて、地球的ユートピアの実現を目指しています。

幸福の科学

1986年に立宗。信仰の対象は、地球系霊団の最高大霊、主エル・カンターレ。世界100カ国以上の国々に信者を持ち、全人類救済という尊い使命のもと、信者は、「愛」と「悟り」と「ユートピア建設」の教えの実践、伝道に励んでいます。

（2019年9月現在）

愛 幸福の科学の「愛」とは、与える愛です。これは、仏教の慈悲や布施の精神と同じことです。信者は、仏法真理をお伝えすることを通して、多くの方に幸福な人生を送っていただくための活動に励んでいます。

悟り 「悟り」とは、自らが仏の子であることを知るということです。教学や精神統一によって心を磨き、智慧を得て悩みを解決すると共に、天使・菩薩の境地を目指し、より多くの人を救える力を身につけていきます。

ユートピア建設 私たち人間は、地上に理想世界を建設するという尊い使命を持って生まれてきています。社会の悪を押しとどめ、善を推し進めるために、信者はさまざまな活動に積極的に参加しています。

国内外の世界で貧困や災害、心の病で苦しんでいる人々に対しては、現地メンバーや支援団体と連携して、物心両面にわたり、あらゆる手段で手を差し伸べています。

年間約2万人の自殺者を減らすため、全国各地で街頭キャンペーンを展開しています。

公式サイト **www.withyou-hs.net**

ヘレン・ケラーを理想として活動する、ハンディキャップを持つ方とボランティアの会です。視聴覚障害者、肢体不自由な方々に仏法真理を学んでいただくための、さまざまなサポートをしています。

公式サイト **www.helen-hs.net**

入会のご案内

幸福の科学では、大川隆法総裁が説く仏法真理をもとに、「どうすれば幸福になれるのか、また、他の人を幸福にできるのか」を学び、実践しています。

入会　仏法真理を学んでみたい方へ

大川隆法総裁の教えを信じ、学ぼうとする方なら、どなたでも入会できます。入会された方には、『入会版「正心法語」』が授与されます。

ネット入会　入会ご望の方はネットからも入会できます。
happy-science.jp/joinus

三帰誓願　信仰をさらに深めたい方へ

仏弟子としてさらに信仰を深めたい方は、仏・法・僧の三宝への帰依を誓う「三帰誓願式」を受けることができます。三帰誓願者には、『仏説・正心法語』『祈願文①』『祈願文②』『エル・カンターレへの祈り』が授与されます。

幸福の科学 サービスセンター
TEL 03-5793-1727

受付時間／
火〜金：10〜20時
土・日祝：10〜18時
（月曜を除く）

幸福の科学 公式サイト
happy-science.jp

幸福の科学グループの教育・人材養成事業

教育 HSU ハッピー・サイエンス・ユニバーシティ
Happy Science University

ハッピー・サイエンス・ユニバーシティとは

ハッピー・サイエンス・ユニバーシティ(HSU)は、大川隆法総裁が設立された「現代の松下村塾」であり、「日本発の本格私学」です。
建学の精神として「幸福の探究と新文明の創造」を掲げ、
チャレンジ精神にあふれ、新時代を切り拓く人材の輩出を目指します。

| 人間幸福学部 | 経営成功学部 | 未来産業学部 |

HSU長生キャンパス TEL 0475-32-7770
〒299-4325 千葉県長生郡長生村一松丙 4427-1

| 未来創造学部 |

HSU未来創造・東京キャンパス
TEL 03-3699-7707

〒136-0076 東京都江東区南砂2-6-5　公式サイト **happy-science.university**

学校法人 幸福の科学学園

学校法人 幸福の科学学園は、幸福の科学の教育理念のもとにつくられた教育機関です。人間にとって最も大切な宗教教育の導入を通じて精神性を高めながら、ユートピア建設に貢献する人材輩出を目指しています。

幸福の科学学園

中学校・高等学校（那須本校）
2010年4月開校・栃木県那須郡（男女共学・全寮制）
TEL **0287-75-7777**　公式サイト **happy-science.ac.jp**

関西中学校・高等学校（関西校）
2013年4月開校・滋賀県大津市（男女共学・寮及び通学）
TEL **077-573-7774**　公式サイト **kansai.happy-science.ac.jp**

幸福の科学グループの教育・人材養成事業

仏法真理塾「サクセスNo.1」

全国に本校・拠点・支部校を展開する、幸福の科学による信仰教育の機関です。小学生・中学生・高校生を対象に、信仰教育・徳育にウエイトを置きつつ、将来、社会人として活躍するための学力養成にも力を注いでいます。

TEL 03-5750-0747（東京本校）

エンゼルプランV　**TEL** 03-5750-0757
幼少時からの心の教育を大切にして、信仰をベースにした幼児教育を行っています。

不登校児支援スクール「ネバー・マインド」　**TEL** 03-5750-1741
心の面からのアプローチを重視して、不登校の子供たちを支援しています。

ユー・アー・エンゼル！（あなたは天使！）運動
一般社団法人 ユー・アー・エンゼル　**TEL** 03-6426-7797
障害児の不安や悩みに取り組み、ご両親を励まし、勇気づける、
障害児支援のボランティア運動を展開しています。

NPO活動支援

学校からのいじめ追放を目指し、さまざまな社会提言をしています。また、各地でのシンポジウムや学校への啓発ポスター掲示等に取り組む一般財団法人「いじめから子供を守ろうネットワーク」を支援しています。

公式サイト mamoro.org　**ブログ** blog.mamoro.org
相談窓口 TEL.03-5544-8989

百歳まで生きる会

「百歳まで生きる会」は、生涯現役人生を掲げ、友達づくり、生きがいづくりをめざしている幸福の科学のシニア信者の集まりです。

シニア・プラン21

生涯反省で人生を再生・新生し、希望に満ちた生涯現役人生を生きる仏法真理道場です。定期的に開催される研修には、年齢を問わず、多くの方が参加しています。全世界200カ所（国内187カ所、海外13カ所）で開校中。

【東京校】**TEL** 03-6384-0778　**FAX** 03-6384-0779
メール senior-plan@kofuku-no-kagaku.or.jp

幸福の科学グループ事業

○ 政治

幸福実現党

内憂外患(ないゆうがいかん)の国難に立ち向かうべく、2009年5月に幸福実現党を立党しました。創立者である大川隆法党総裁の精神的指導のもと、宗教だけでは解決できない問題に取り組み、幸福を具体化するための力になっています。

幸福実現党 釈量子サイト
shaku-ryoko.net

Twitter
釈量子@shakuryoko
で検索

党の機関紙
「幸福実現NEWS」

幸福実現党 党員募集中

あなたも幸福を実現する政治に参画しませんか。

- 幸福実現党の理念と綱領、政策に賛同する18歳以上の方なら、どなたでも参加いただけます。
- 党費:正党員(年額5千円[学生 年額2千円])、特別党員(年額10万円以上)、家族党員(年額2千円)
- 党員資格は党費を入金された日から1年間です。
- 正党員、特別党員の皆様には機関紙「幸福実現NEWS(党員版)」(不定期発行)が送付されます。

＊申込書は、下記、幸福実現党公式サイトでダウンロードできます。
住所:〒107-0052　東京都港区赤坂2-10-8 6階 幸福実現党本部

TEL **03-6441-0754**　FAX **03-6441-0764**
公式サイト  **hr-party.jp**

幸福の科学グループ事業

幸福の科学出版

出版メディア事業

大川隆法総裁の仏法真理の書を中心に、ビジネス、自己啓発、小説など、さまざまなジャンルの書籍・雑誌を出版しています。他にも、映画事業、文学・学術発展のための振興事業、テレビ・ラジオ番組の提供など、幸福の科学文化を広げる事業を行っています。

アー・ユー・ハッピー?
are-you-happy.com

ザ・リバティ
the-liberty.com

ザ・ファクト
マスコミが報道しない「事実」を世界に伝えるネット・オピニオン番組

YouTubeにて随時好評配信中!

ザ・ファクト 検索

幸福の科学出版
TEL 03-5573-7700
公式サイト irhpress.co.jp

芸能文化事業

ニュースター・プロダクション

「新時代の美」を創造する芸能プロダクションです。多くの方々に良き感化を与えられるような魅力あふれるタレントを世に送り出すべく、日々、活動しています。

公式サイト newstarpro.co.jp

ARI Production（アリプロダクション）

タレント一人ひとりの個性や魅力を引き出し、「新時代を創造するエンターテインメント」をコンセプトに、世の中に精神的価値のある作品を提供していく芸能プロダクションです。

公式サイト aripro.co.jp

大川隆法　講演会のご案内

大川隆法総裁の講演会が全国各地で開催されています。講演のなかでは、毎回、「世界教師」としての立場から、幸福な人生を生きるための心の教えをはじめ、世界各地で起きている宗教対立、紛争、国際政治や経済といった時事問題に対する指針など、日本と世界がさらなる繁栄の未来を実現するための道筋が示されています。

2019年5月14日 幕張メッセ「自由・民主・信仰の世界」

2019年3月3日 グランド ハイアット 台北（台湾）「愛は憎しみを超えて」

2019年7月5日 福岡国際センター「人生に自信を持て」

2018年10月7日 ザ・リッツカールトン ベルリン（ドイツ）「Love for the Future」

2019年7月13日 ホテル イースト21 東京「幸福への論点」

講演会には、どなたでもご参加いただけます。　最新の講演会の開催情報はこちらへ。→

大川隆法総裁公式サイト
https://ryuho-okawa.org